● Franz

HOHMANN

● Franz

펴낸이의 말

　　『호만』은 바이올린을 배우는 과정에서 한 번쯤은 접하게 되는 전통적이며 대표적인 교본입니다. 무엇보다도 차례로 연습하다 보면 필수적인 주법을 자연스레 익힐 수 있는 체계적이고 섬세한 구성이 돋보입니다. 또한 대부분의 곡들이 이중주로 구성되어 있는 것 또한 특징입니다. 제2바이올린(주로 선생님이 연주하게 될)과 함께 연주하다 보면 초보 단계의 단순하고 밋밋한 음정과 리듬을 넘어 한층 풍성한 화음을 만들어 낼 수 있습니다. 후반부로 갈수록 점차 대등한 연주를 하게 되는데, 이를 통해 앙상블에 대한 감각까지 기를 수 있습니다.

프란츠 음악출판사의 『호만』이 가진 차별화된 장점은 다음과 같습니다.

첫째, 완성된 연주를 들어 볼 수 있습니다.
모든 이중주곡과 주요 곡의 모범 연주를 QR 코드나 MP3 다운로드를 통해 들어 볼 수 있습니다. 그동안 『호만』
은 단순한 연습 수단으로만 여겨졌지만, 연주자인 바이올리니스트 김수현은 독립된 작품으로서 수록곡이 가지
고 있는 아름다움을 담아내려 했습니다. 이 때문에 초보자가 연주하기에는 벅찬 템포의 곡도 있을 것입니다. 여
러 번 반복해 들으면서 원곡의 분위기를 익히고, 선생님의 지도에 따라 학생 본인에게 맞는 빠르기로 차근차근
연습해 나가는 것이 좋습니다.

둘째, 자신이 어떻게 연습하고 있는지 확인할 수 있습니다.
잼이지Jameasy와 협업하여 모든 수록곡을 애플리케이션에 담았습니다. 이를 통해 여러분이 연주하는 음정과 리듬
에 대한 피드백을 실시간으로 받을 수 있습니다. 또한 자신에게 맞는 빠르기를 설정하여 음원을 듣거나 혼자서
도 이중주를 할 수도 있습니다. 이는 어렵게만 느껴지던 바이올린 학습을 보다 쉽고 재미있게 할 수 있도록 도와
줄 것입니다. 독자께 드리는 10곡 무료 이용 혜택을 꼭 사용해 보시기를 권합니다.

셋째, 영문 제목을 함께 적었습니다.
수록곡들의 제목이 현대와 맞지 않아 어색하게 느껴지는 부분이 있습니다. 하지만 이 곡들이 작곡된 시기가 19세
기라는 사실을 생각해 보면 색다른 재미를 발견할 수 있을 것입니다. 무엇보다 제목은 곡을 미리 파악하는 데도
도움이 되기 때문에 누락된 것까지 가능한 한 찾아서 표기했으며, 이해를 돕기 위해 영문 제목도 병기했습니다.

넷째, 악보의 오류를 바로잡았습니다.
간혹 볼 수 있었던 음정과 리듬의 오류는 물론이고, 곡 제목, 이음줄, 활 방향, 셈여림 표기 등 악보상의 세세한
잘못까지 바로잡으려 했습니다.

제3권은 제1권과 제2권을 통해 익힌 기본기를 발전시켜 다소 복잡한 리듬과 음정을 가진 긴 곡을 소화할
수 있도록 훈련하는 과정입니다. 또한 제1포지션을 총정리한다는 의미도 담겨 있습니다.
마지막 제4권은 본격적인 고급 단계라 할 수 있습니다. 제2포지션부터 제7포지션까지 장별로 나누어져 있으며,
그와 동시에 다양한 곡들을 연주함으로써 테크닉이나 음악적 감수성의 발전도 꾀할 수 있도록 구성되어 있습니
다. 제4권은 핵심적인 곡들 위주로 재편집하여 조금 더 빨리 포지션을 마스터할 수 있도록 하였습니다.

낯설지만 멋진 곡들을 연주하며 많은 발전을 이루시기 바랍니다.

김동연

시작 전 알아두기

QR 코드 사용법

『호만』의 곳곳에는 QR 코드(흑백 격자 무늬의 2차원 바코드)가 있어 이것을 스마트폰이나 태블릿 기기로 스캔하면 해당 곡의 음원을 들을 수 있습니다. QR 코드를 스캔하기 위해서는 관련 애플리케이션을 설치해야 합니다. 본 책에서는 가장 많이 사용되는 '네이버 앱'을 통한 이용 방법을 안내해 드립니다.

STEP 1
메인 화면 검색창 우측의 마이크 버튼을 누릅니다.

STEP 2
QR 코드 아이콘을 누릅니다.

STEP 3
가운데 빈 여백 안에 QR 코드를 위치시키면 자동으로 인식됩니다.

STEP 4
플레이 버튼을 누르면 음원이 재생됩니다.

이 책에 나오는 음악 지시어

지시어	읽기 | 뜻
agitato	아지타토 | 격하게
a tempo	아 템포 | 원래 빠르기로
cantabile	칸타빌레 | 노래하듯이
con fuoco	콘 푸오코 | 열정적으로
cresc.	크레센도 | 점점 세게
decresc.	데크레센도 | 점점 여리게
dim.	디미누엔도 | 점점 여리게
dolce	돌체 | 부드럽게
espressivo	에스프레시보 | 표현을 풍부하게
leggiero	레지에로 | 가볍게
maestoso	마에스토소 | 장엄하게
marcato	마르카토 | 음 하나하나를 강조하여
rall.	랄렌탄도 | 점점 느리게
risoluto	리솔루토 | 힘차고 분명하게
rit.	리타르단도 | 점점 느리게
sostenuto	소스테누토 | 음 하나하나를 충분히 늘여서

Pt.
POINT
활끝

N.
NUT
활밑

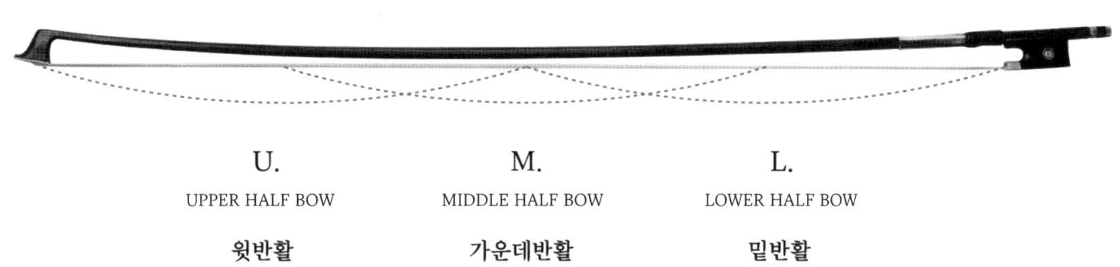

U.
UPPER HALF BOW
윗반활

M.
MIDDLE HALF BOW
가운데반활

L.
LOWER HALF BOW
밑반활

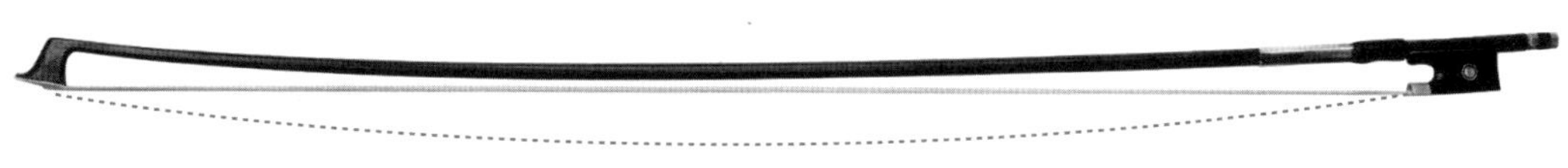

W.
WHOLE BOW
온활

차례

제4권 | 하이 포지션에서의 연습곡

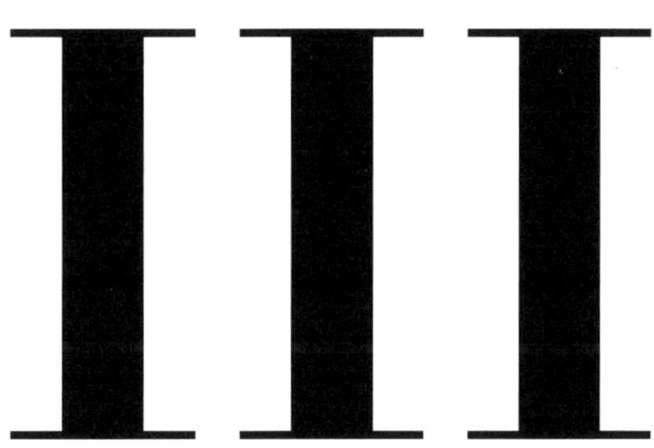

제3권 | 가장 많이 사용하는 조에서의 심화 연습곡

1. 다장조와 가단조 C-Major and A-Minor

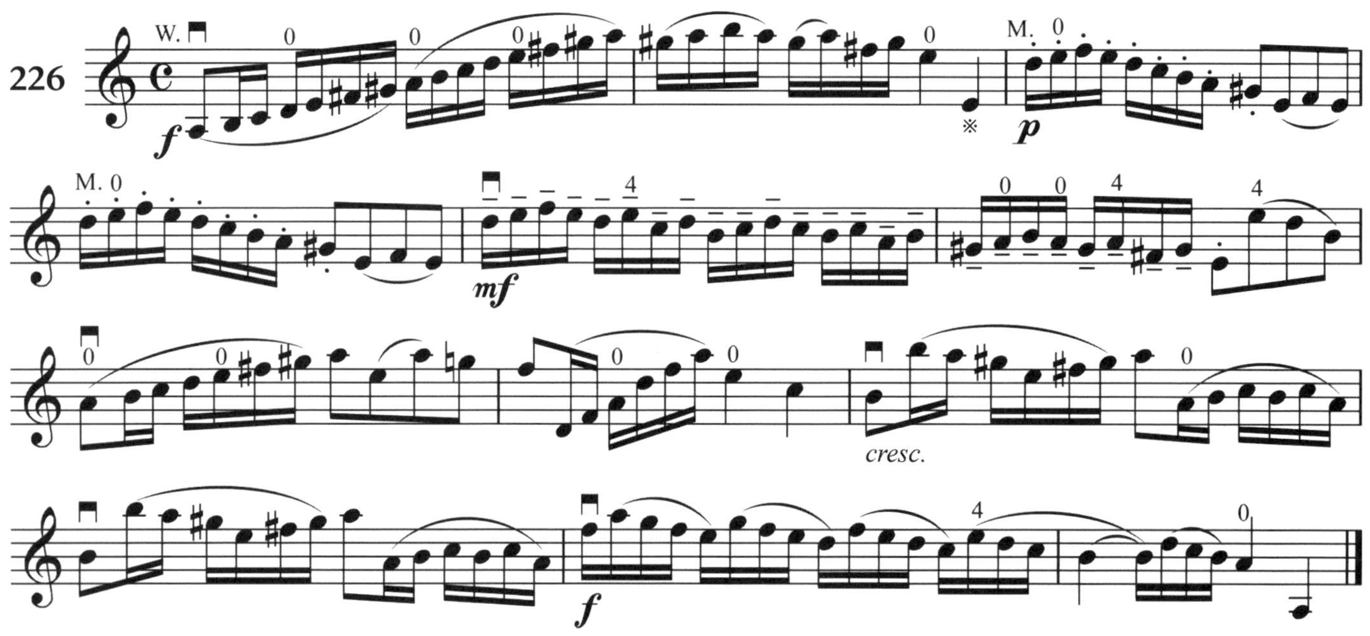

꼬마 애국자

The Little Patriot

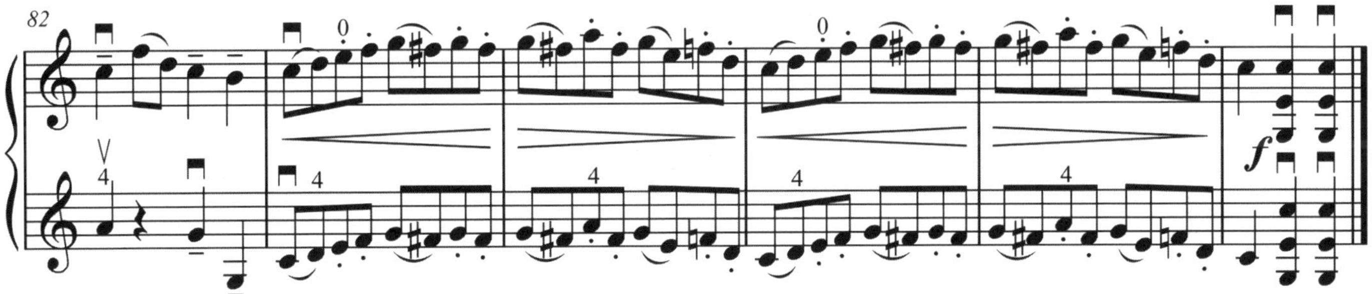

TIP 셈여림에 따라 활을 쓰는 양이나 속도, 힘 등을 조절하여 표현을 풍부하게 하는 것에 집중하세요.
첫 마디의 괄호 속 음정은 미리 짚고 시작하라는 의미로, 첫째 음과 둘째 음을 부드럽게 연결하기 위한 요령입니다.

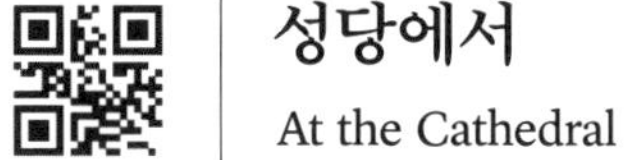

성당에서
At the Cathedral

J. V. Blumenthal

Adagio

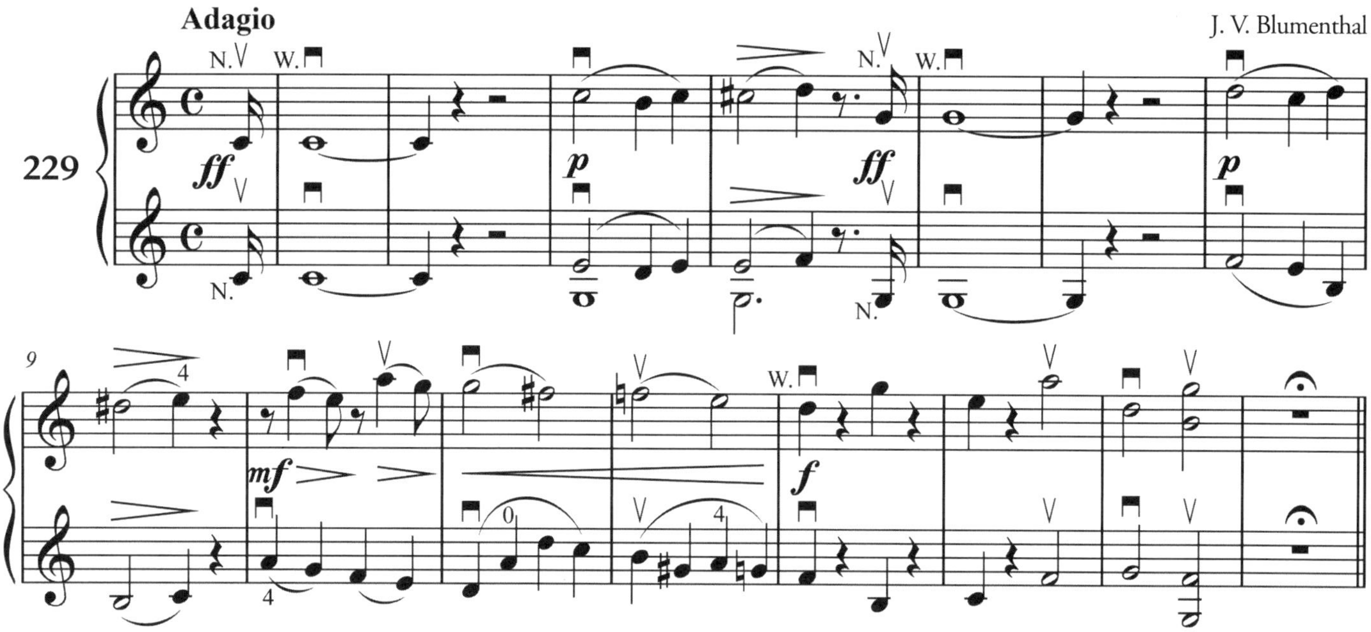

229

Alla capella

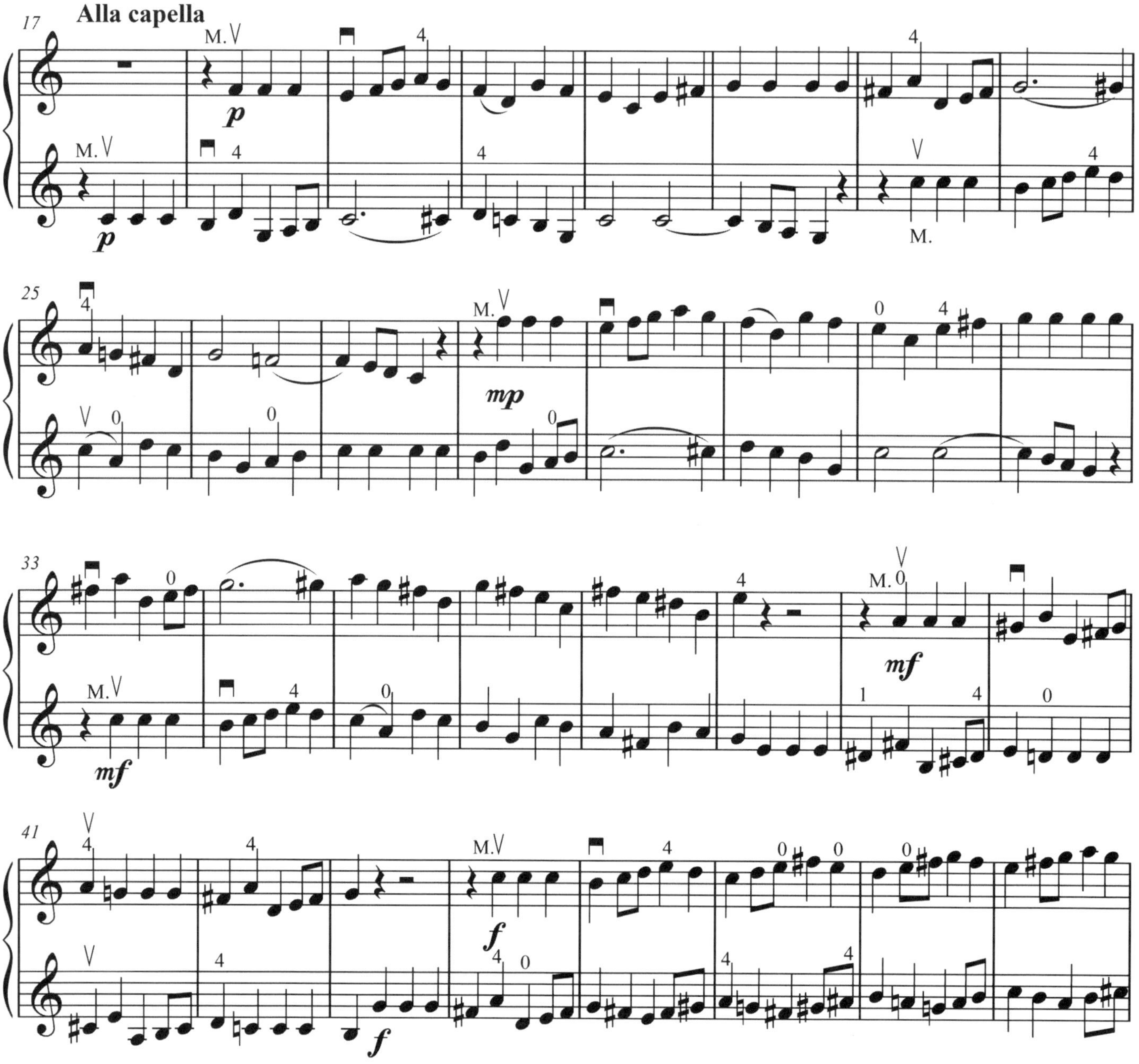

TIP 마지막 이중음은 누구에게나 어려운 부분입니다. 한 음씩 소리 내며 차근차근 연습해 보세요.

2. 사장조와 마단조^{G-Major and E-Minor}

TIP 표시한 부분(※)의 트릴과 꾸밈음은 와 같이 연주하면 됩니다.

TIP 표시한 부분(※)은 온활로 그어 다음의 긴 박자를 여유 있게 쓸 수 있도록 준비하세요.

밝은 햇살
The Merry Sunshine

TIP 제1바이올린과 제2바이올린이 선율과 반주를 주고받는 곡이라는 점을 염두에 두고 연주하세요.

TIP 잠시 후 나올 부분(※)에서 페이지를 넘겨 두세요.

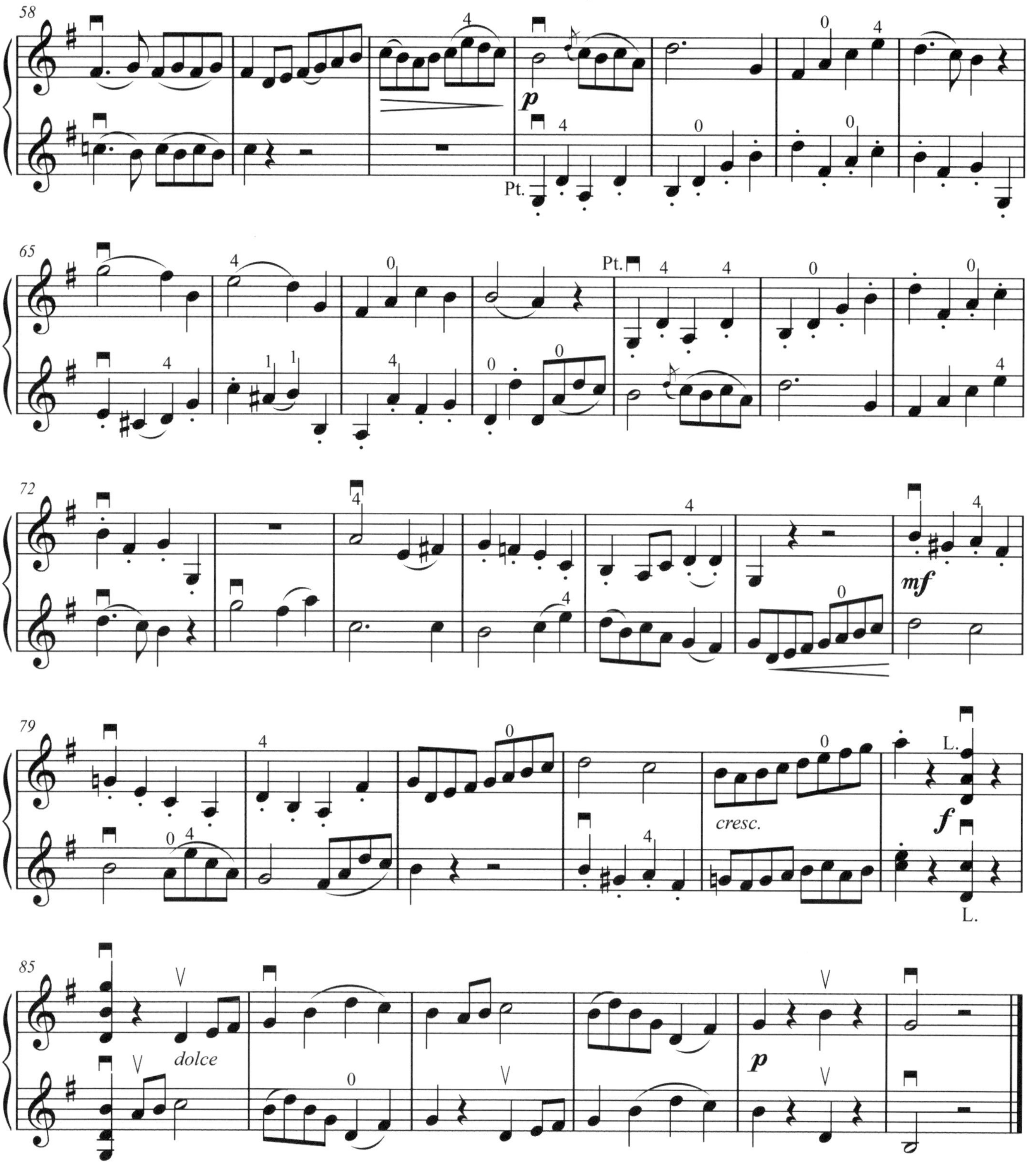

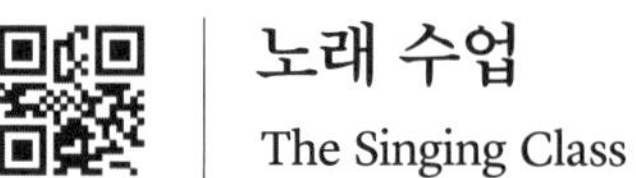

노래 수업
The Singing Class

I. Pleyel

3. 라장조와 나단조D-Major and B-Minor

주요 작곡가 소개

『호만』에는 호만 자신뿐만 아니라 동시대 여러 작곡가들의 곡들도 실려 있습니다. 그들에 대해 살펴봅시다.

요제프 폰 블루멘탈
Joseph von Blumenthal(1782~1850)

바이올리니스트이자 음악 교사, 작곡가로 알려진 요제프 폰 블루멘탈은 브뤼셀에서 태어났다. 오스트리아 정부에서 일하던 아버지를 따라 프라하로 이주한 그는 형제들과 함께 독일의 작곡가인 아베 보글러^{Abbé Vogler}에게 바이올린과 작곡을 배웠다. 1803년에는 보글러의 추천으로 빈 오페라하우스 오케스트라에 발탁되었고, 그곳에서 비올라를 연주하면서 음악적 행보를 시작했다. 19세기 초부터 오페라, 발레 음악, 교향곡, 실내악 등을 작곡하는 데 열정을 쏟는 한편, 바이올린을 위한 다수의 연주곡과 교육용 연습곡 등을 남겼다.

자크 페레올 마자스
Jacques Féréol Mazas(1782~1849)

프랑스의 작곡가이자 바이올리니스트이자 교육자인 자크 페레올 마자스는 파리음악원에서 피에르 베요^{Pierre Baillot}의 수제자로 이름을 알렸다. 스물여섯 살에 유럽 전역을 순회하며 바이올린을 연주했으며, 1831년에는 팔레루아얄 극장의 수석 바이올리니스트로 임명되었다. 얼마지나지 않아서는 오를레앙 극장의 감독을 역임하며 조아치노 안토니오 로시니^{Gioacchino Antonio Rossini}의 『알제리의 이탈리아 여인』 같은 희가극을 무대에 올리기도 했다. 마자스가 남긴 바이올린 곡들은 교육용 연주곡과 현악 이중주곡 등이 주를 이룬다.

바르톨로메오 캄파뇰리
Bartolomeo Campagnoli(1751~1827)

18세기 유럽 전역에 이탈리안 스타일의 바이올린 주법을 전파한 바르톨로메오 캄파뇰리는 첸토에서 태어났다. 고향에서 바이올린을 공부한 뒤 그곳의 오케스트라에서 활동하던 그는 피렌체에서 바이올리니스트 피에트로 나르디니^{Pietro Nardini}를 만나면서 음악적으로 많은 영향을 받았다. 스물네 살에 로마 아르젠티나 극장 오케스트라에 들어간 그는 이후 스웨덴, 독일, 오스트리아 등 유럽을 두루 순회했다. 1797년에 출간한 바이올린 주법에 관한 책은 바로크와 고전주의 시대 사이의 스타일을 확인할 수 있는 좋은 예시다.

이그나츠 플라이엘
Ignaz Pleyel(1757~1831)

오스트리아의 작곡가 이그나츠 플라이엘은 열다섯 살에 프란츠 요제프 하이든^{Franz Joseph Haydn}의 수제자가 되어 음악 교육을 받았다. 1783년에 프랑스 스트라스부르로 건너가면서 음악적 경력을 쌓아 갔다. 이 시기 그는 마흔한 개의 교향곡과, 일흔 개에 이르는 현악 사중주곡과 오페라를 작곡하는 등 왕성하게 활동했다. 이후 파리로 건너간 그는 음악 출판사를 설립했고, 동시에 피아노 제작자로도 이름을 알렸다. 그가 만든 피아노는 프레데리크 프랑수아 쇼팽, 클로드 아실 드뷔시, 카미유 생상스, 이고르 페도로비치 스트라빈스키가 연주하며 널리 쓰였다.

루이스 슈포어
Louis Spohr(1784~1859)

독일 태생의 루이스 슈포어는 작곡가, 바이올리니스트, 지휘자로 활동했다. 작곡가로 당대에 상당한 주목을 받았으며, 십여 개의 교향곡을 비롯하여 오페라, 바이올린 협주곡, 실내악 등 수많은 곡을 남겼다. 그의 작품은 고전주의에서 낭만주의로 넘어가는 과도기에 중추적인 역할을 했으며, 20세기 후반에 들어 유럽의 음악가들에 의해 재발견되어 널리 연주되었다. 슈포어는 바이올린 턱받침을 발명한 것으로도 알려져 있다.

베른하르트 몰리크
Bernhard Molique(1802~1869)

독일의 바이올리니스트이자 작곡가인 베른하르트 몰리크는 음악가인 아버지를 통해서 여러 악기를 배우며 자랐다. 열세 살에 슈포어와 피에트로 로벨리^{Pietro Rovelli}를 사사하면서 바이올린을 배웠으며, 1826년에 슈투트가르트의 음악 감독으로 임명되었다. 그가 쓴 작품들은 루트비히 판 베토벤, 볼프강 모차르트, 야코프 루트비히 펠릭스 멘델스존바르톨디에게서 영향을 받았다. 특히 슈포어의 영향이 큰 것으로 알려져 있다.

꼬마 주인

The Little Master

TIP 제1바이올린과 제2바이올린 두 성부 간의 관계를 생각하며 연주해 봅시다.

Allegro moderato

J. V. Blumenthal

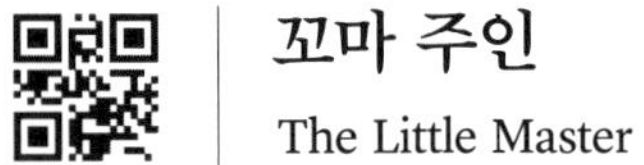

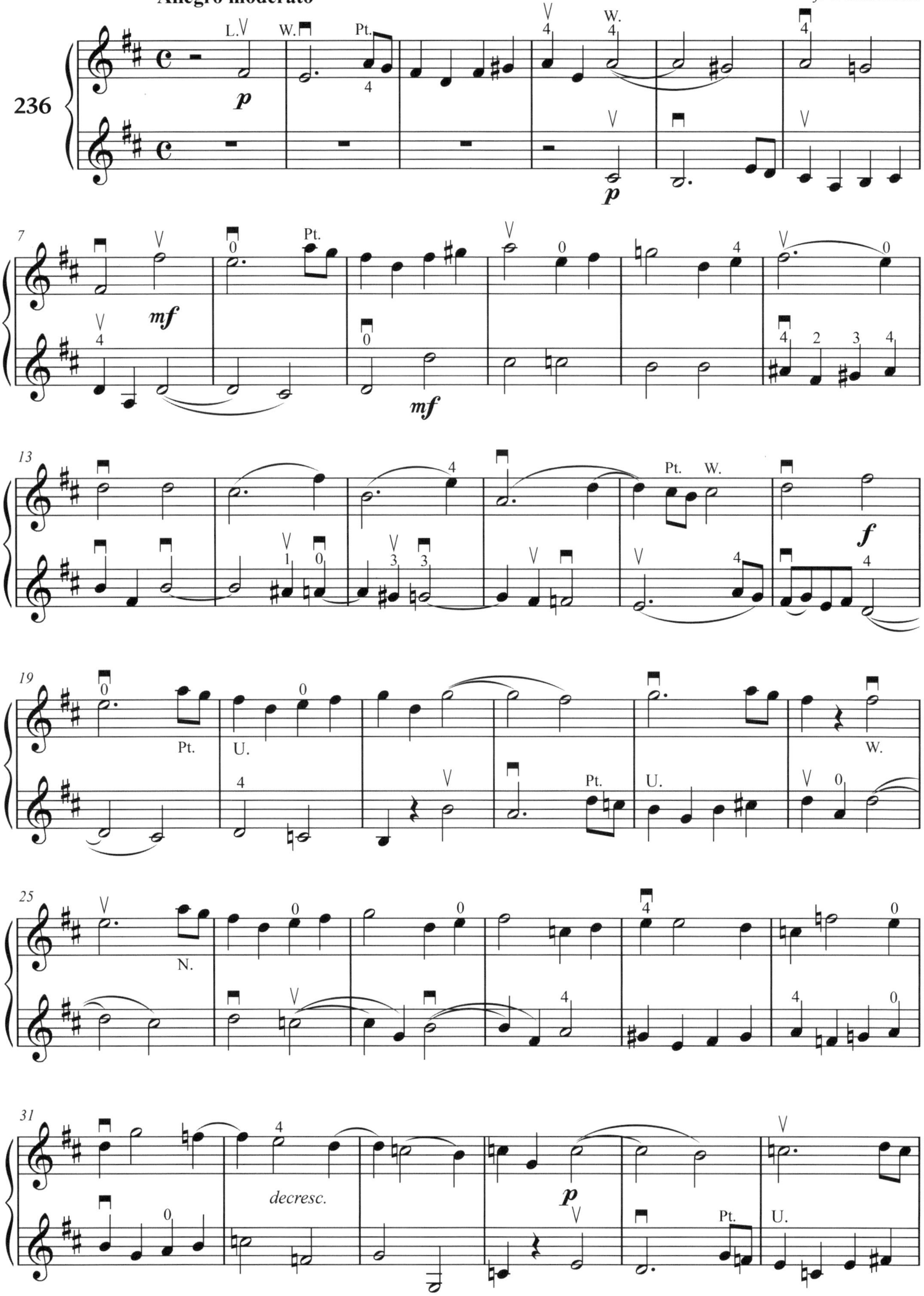

cresc.
f
ff sostenuto
소스테누토 | 음 하나하나를 충분히 늘여서
dim.
Pt.

TIP 온활을 6등분하여 쓴다는 느낌으로 활을 적당히 나누어 음을 고르게 연주하세요.

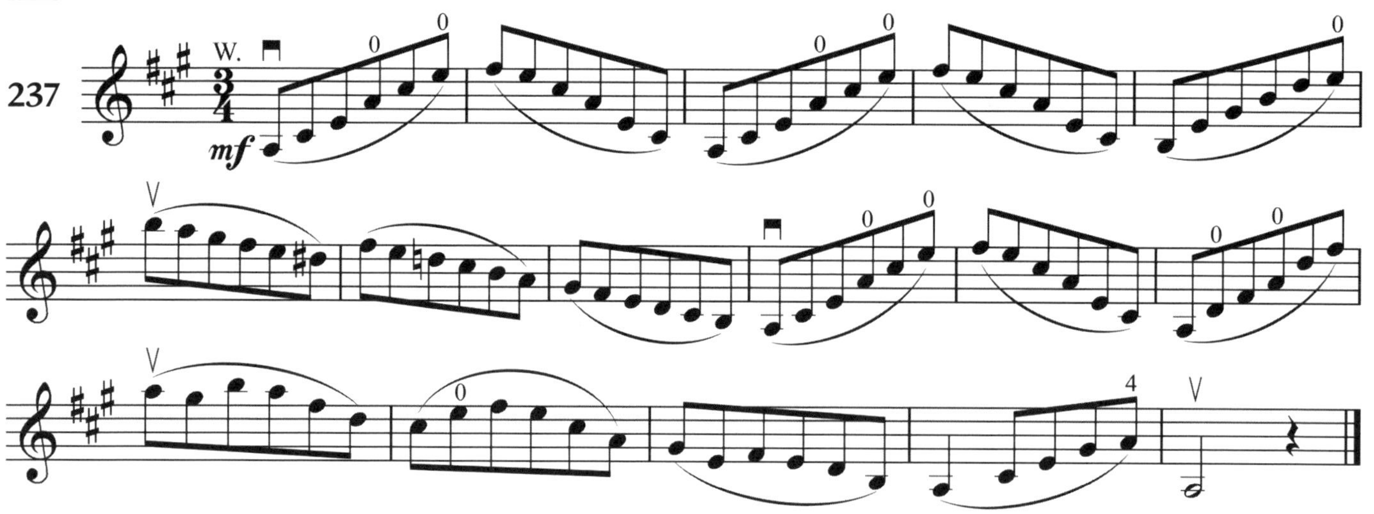

237

꽃 파는 이탈리아 소녀

The Italian Flower Girl

TIP 꾸밈음은 '장식'을 위한 것임을 늘 염두에 두어 음의 길이가 지나치게 길어지거나 음량이 커지지 않도록 유의하세요.

Andante

238

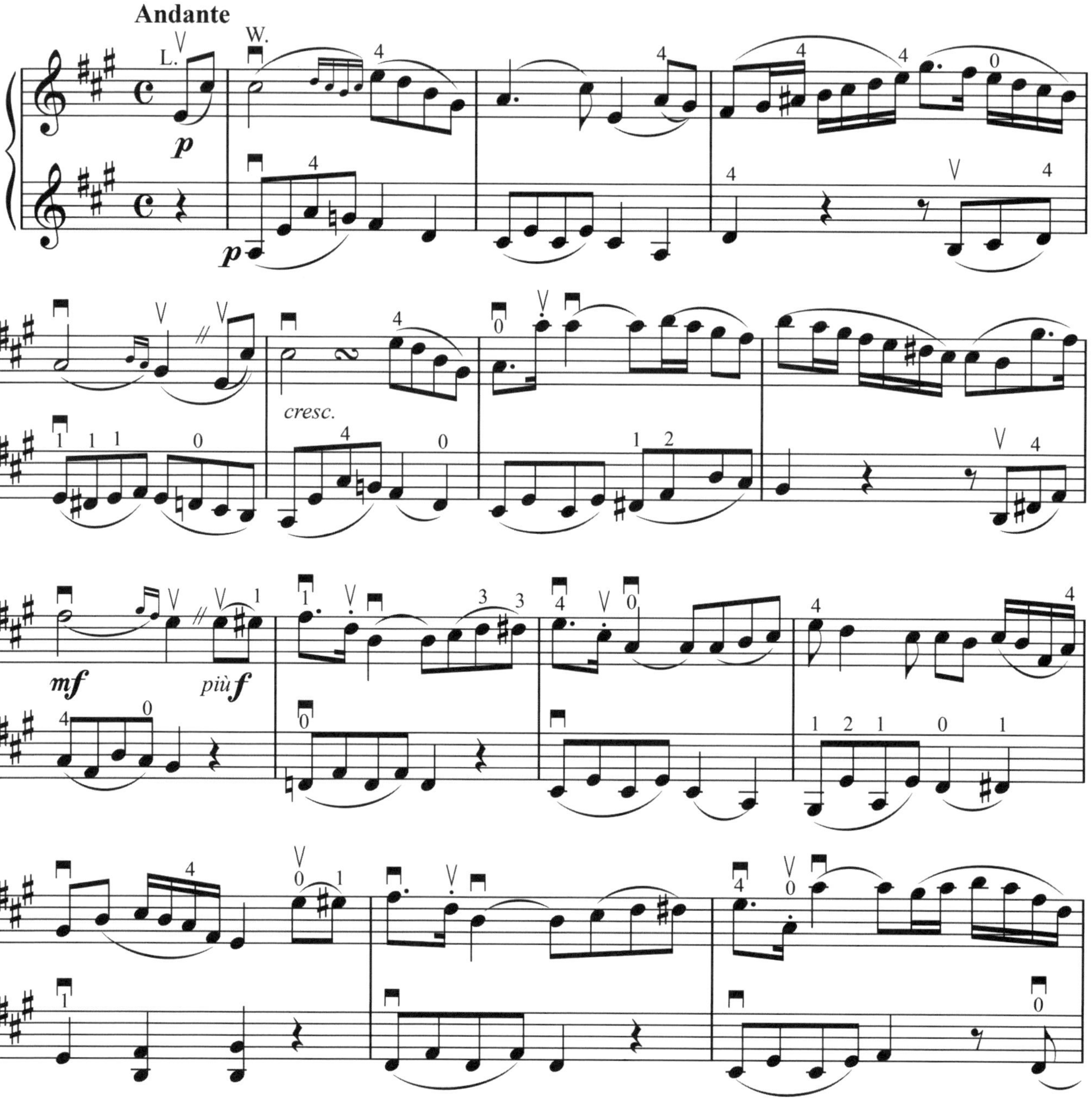

TIP 처음에는 활을 짧고 가볍게 사용하다 점차 범위를 확대하고 현과 밀착시켜 소리를 크게 냅니다.

Allegro

239

진지한 이야기
A Serious Story

5. 마장조와 올림다단조 ^{E-Major and C#-minor}

241

 스타카토로 음 하나하나를 확실하게 끊어 연주하고, 다른 현을 건드리지 않도록 유의하세요.

 활을 풍부하게 쓰면서 붓점과 셈여림의 표현에 유의하며 연주하세요.

Moderato

243

244

6. 나장조와 올림사단조^{B-Major and G#-Minor}

7. 올림바장조와 올림라단조^{F#-Major and D#-Minor}

TIP 활이 한쪽으로 쏠리지 않도록 긴 이음줄에서도 활을 아껴 연주하는 것이 좋습니다.

Allegro
Pt. U.
250
mf

신체 부위별 통증에 관한 원인과 예방법

바이올린을 몇 년 이상 꾸준히 연주하다 보면 아프거나 불편한 부분이 생기기도 합니다.
아직 문제가 없더라도 평상시에 체크하여 미리 예방하는 것이 좋습니다.

어깨, 팔

연주 전후로 잠깐이라도 스트레칭을 하는 습관을 들이는 것이 좋습니다. 연주할 때
양팔이 필요 이상으로 경직되어 있지는 않은지 생각하며 중간중간 힘을 풀어 주세요.

목

어깨 받침을 바꾸어 보는 것도 고려해 볼 만합니다. 악기사에는 다양한 종류의 어깨
받침이 있는데, 직접 끼워 보아 자신의 신체에 가장 편안한 것을 찾아보세요. 편안한
연주에 도움이 될 것입니다.

허리

평소에 허리가 약간 틀어진 채로 연주하고 있을 가능성이 높습니다. 항상 바른 자세를
유지하고, 연습 중간중간 스트레칭을 하여 풀어 줍시다.

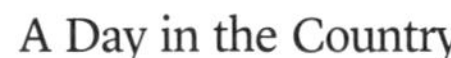

시골에서 보낸 하루
A Day in the Country

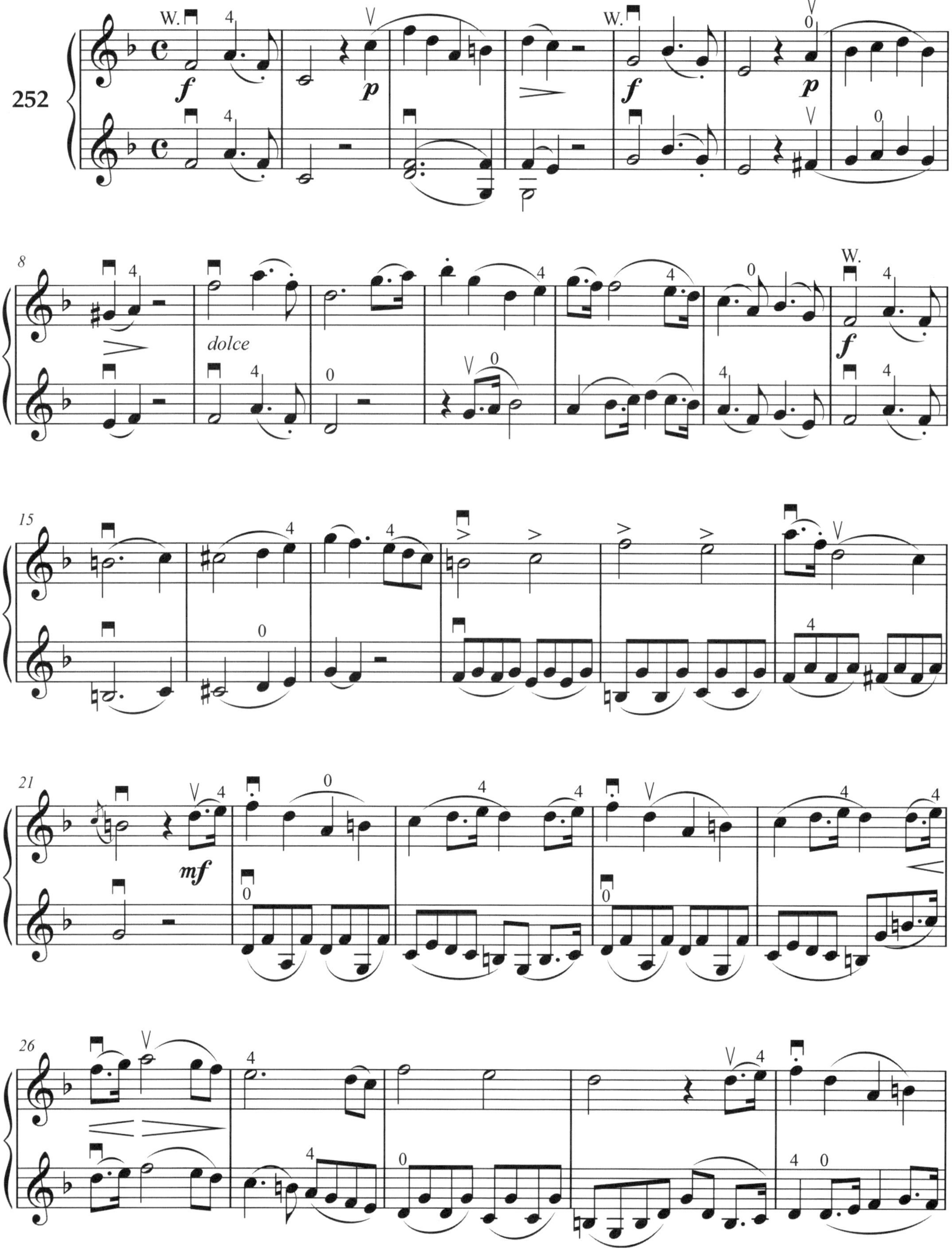

66
f
dolce
f
73
p
p
0
78
f
83
p
f
p
89
dolce
f
p
dolce
p
95
4
4
4
4
0
4
4
0

9. 내림나장조와 사단조^{B♭-Major and G-Minor}

TIP 온활로 음을 풍부하게 소리 내고, 음의 길이에 비례하여 활을 고르게 나누어 연주하세요.

사냥

The Chase

TIP 점8분음표에서 활을 충분히 그어 주세요. 스타카토는 짧게 끊되
16분음표보다 8분음표를 더 길게 연주하여 리듬을 잘 표현하세요.

L. Spohr

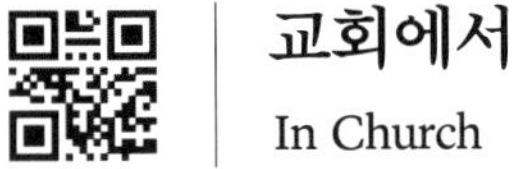

Allegro moderato

Langlet

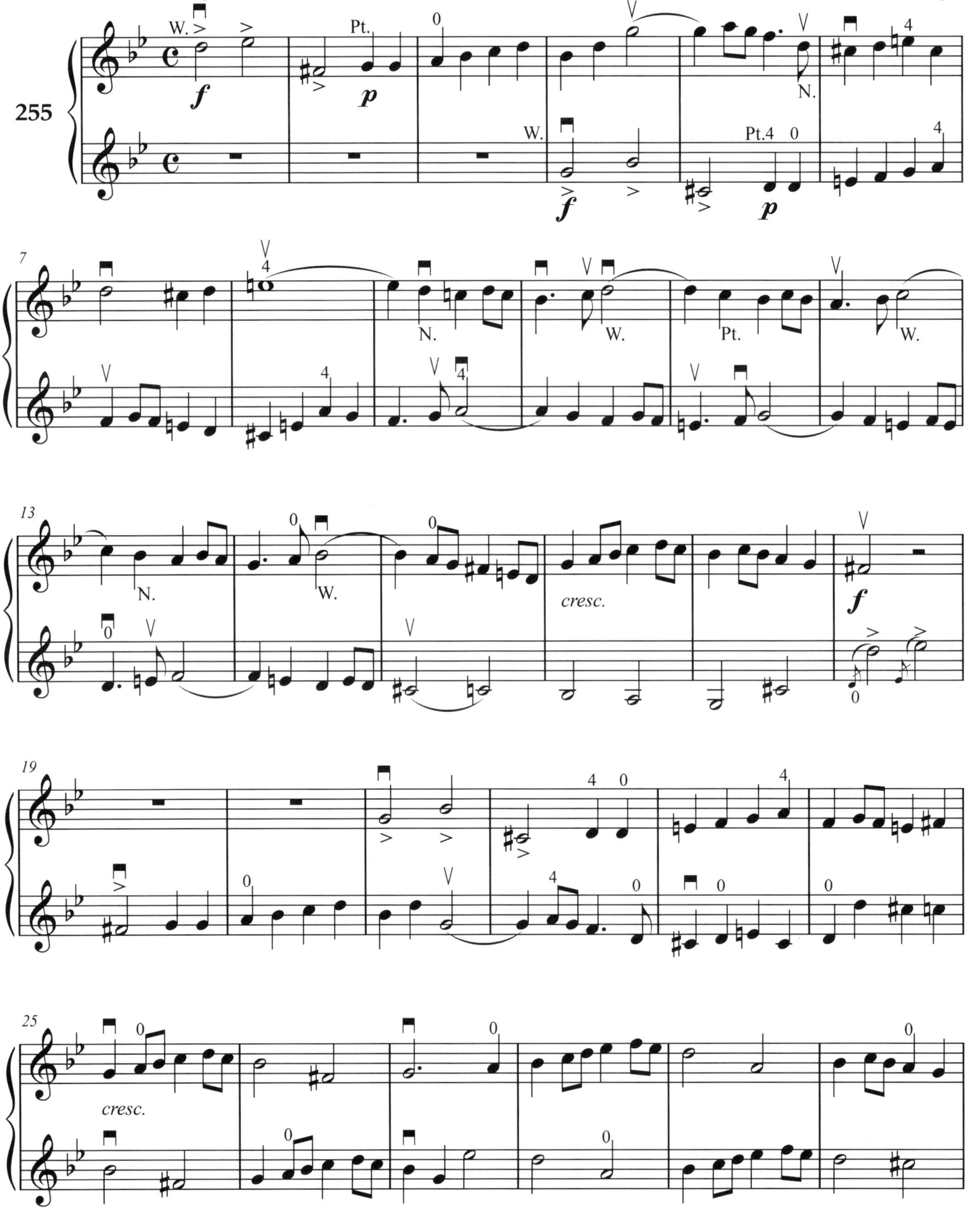

255

바이올린 관리 요령

바이올린을 어디에, 어떻게 보관하시나요? 거의 모든 부품이 나무로 만들어진 바이올린은 온도와 습도에 민감하므로 연주하지 않을 때도 신경 써야 합니다. 사람이 지내기에 쾌적한 온도(20~25도)와 습도(45~60퍼센트)면 악기에도 이상적인 환경입니다. 통풍이 잘되는 곳, 너무 덥거나 춥지 않은 곳, 적당한 습도가 유지되는 곳이면 가장 좋겠지요.

그러나 사계절 내내 습도를 일정하게 유지하기는 쉽지 않습니다. 겨울철에는 가습기를 충분히 틀어 습도를 유지하거나, '댐핏'이라는 바이올린용 습도 유지 장치를 쓰는 것이 좋습니다. 여름철에는 제습제를 케이스 안에 넣어 두고 최소 한 달에 한 번 이상은 바꾸어 주세요.

습도가 너무 높으면 소리에도 좋지 않을 뿐만 아니라 줄감개[peg]가 잘 돌아가지 않아 조율이 힘들어집니다. 반대로 습도가 낮으면 줄감개가 자주 풀리고 악기에 균열이 생길 수 있어 주의가 필요합니다.

10. 내림마장조와 다단조^{E♭-Major and C-Minor}

$\boxed{\text{TIP}}$ 음을 가볍고 명확하게 끊어 연주하고 각 현 간의 이동을 깨끗하게 구사할 수 있도록 연습하세요.

악기 관련 자주 묻는 질문과 대답	**Q 악기 업그레이드는 언제 하면 좋은가요?**

Q 악기 업그레이드는 언제 하면 좋은가요?

A 한마디로 대답하기 쉽지 않은 질문입니다. 저렴한 악기를 오랫동안 쓰는 사람도 있고, 초보 단계에서 고가의 악기를 구입하는 경우도 있으니까요. 현재의 악기로 충분히 제소리를 내고 있다고 생각되거나 더 좋은 악기로 더 나은 소리를 낼 수 있겠다는 자신감이 생겼을 때가 적당한 시기가 아닌가 합니다. 『호만』 제3권이 끝나 가는 지금도 나쁘지 않은 시기라고 생각합니다.

Q 악기를 구입한 후에 신경 써야 할 것은 무엇인가요?

A 가능하다면 일 년에 한 번씩은 점검을 받도록 하세요. 브릿지가 휜다든지 악기의 틈새가 미세하게 벌어지는 등의 문제가 있을 수도 있습니다.

Q 연습할 때마다 악기를 닦아 주어야 하나요?

A 네. 연습을 마치면 무조건 악기를 닦는 습관을 들이는 것이 좋습니다. 특히 연주하는 동안 곳곳에 묻었을 송진가루를 완벽하게 제거하는 것이 중요합니다.

5월의 여왕

The May Queen

TIP 다양한 리듬과 임시표가 붙은 음정에 유의하고, 셈여림도 적극적으로 표현하세요.

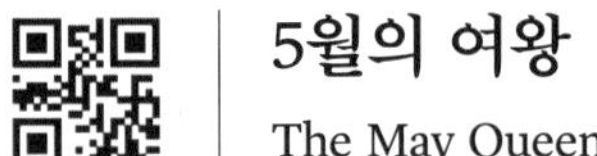

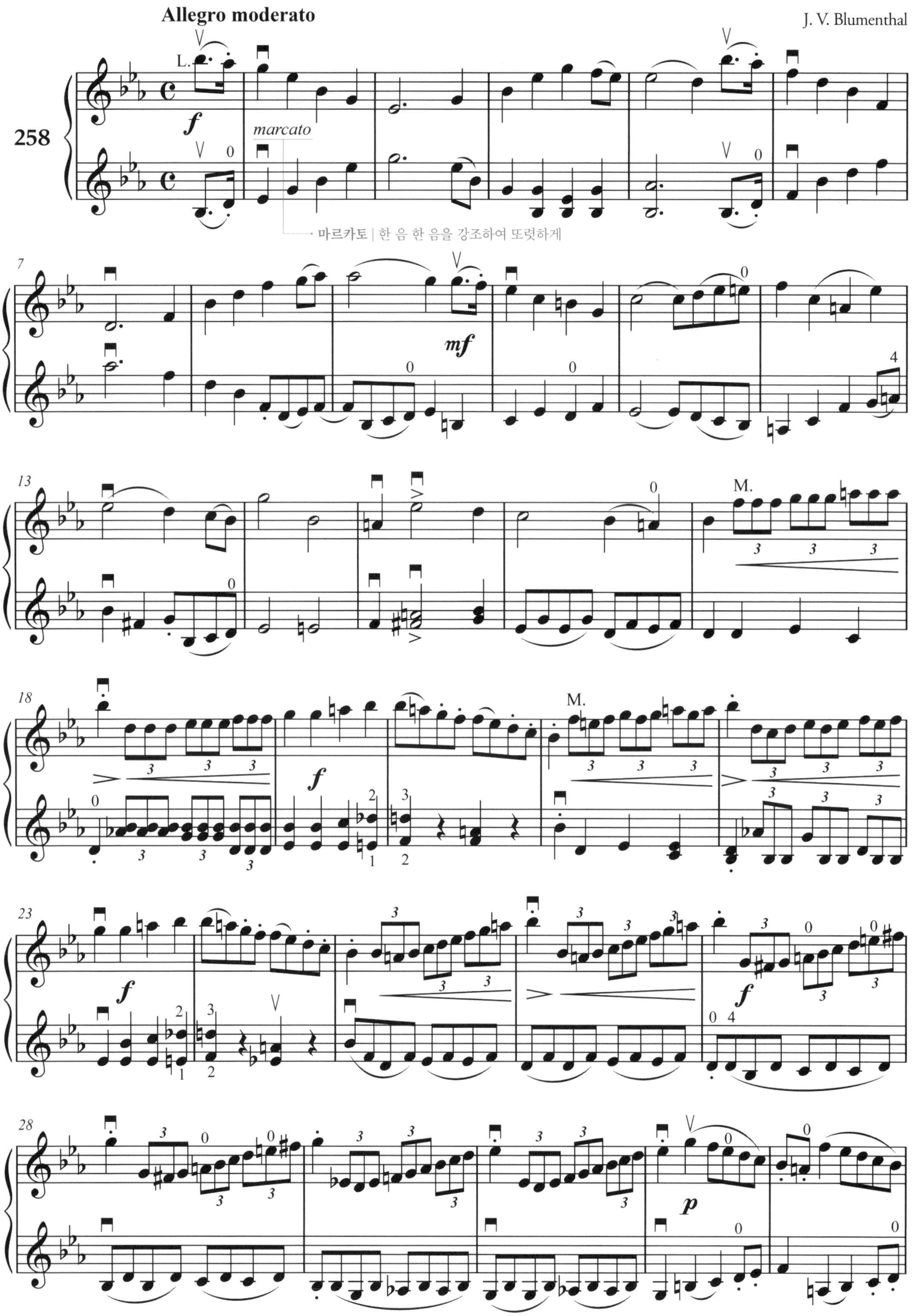

33
38
a tempo
rit. e dim.
f
44
dolce
50
W.
M.
M.
56
f
f
61
ff

Allegretto
259
f
4
4 4 4
3 3
4
극적인 사건
Dramatic Episode
TIP 전반적으로 활을 풍부하게 사용하여 감성적인 분위기를 한껏 표현해 보세요.
Andante
B. Molique
260
mf
M. 0
4
mf
M. 4
4
7
4 0
V
13
2
V 4 0
M.
19
V 0
W.
W.
V
4
0
0
M.

11. 내림가장조와 바단조 A♭-Major and F-Minor

261

TIP 음정에 유의하고, 활이 한쪽으로 몰리지 않도록 균형을 유지하며 연주하는 것이 중요합니다.

262

263

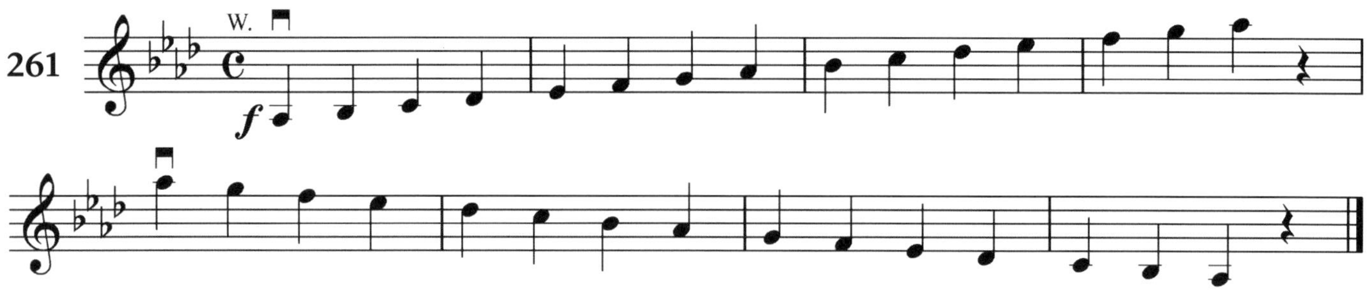

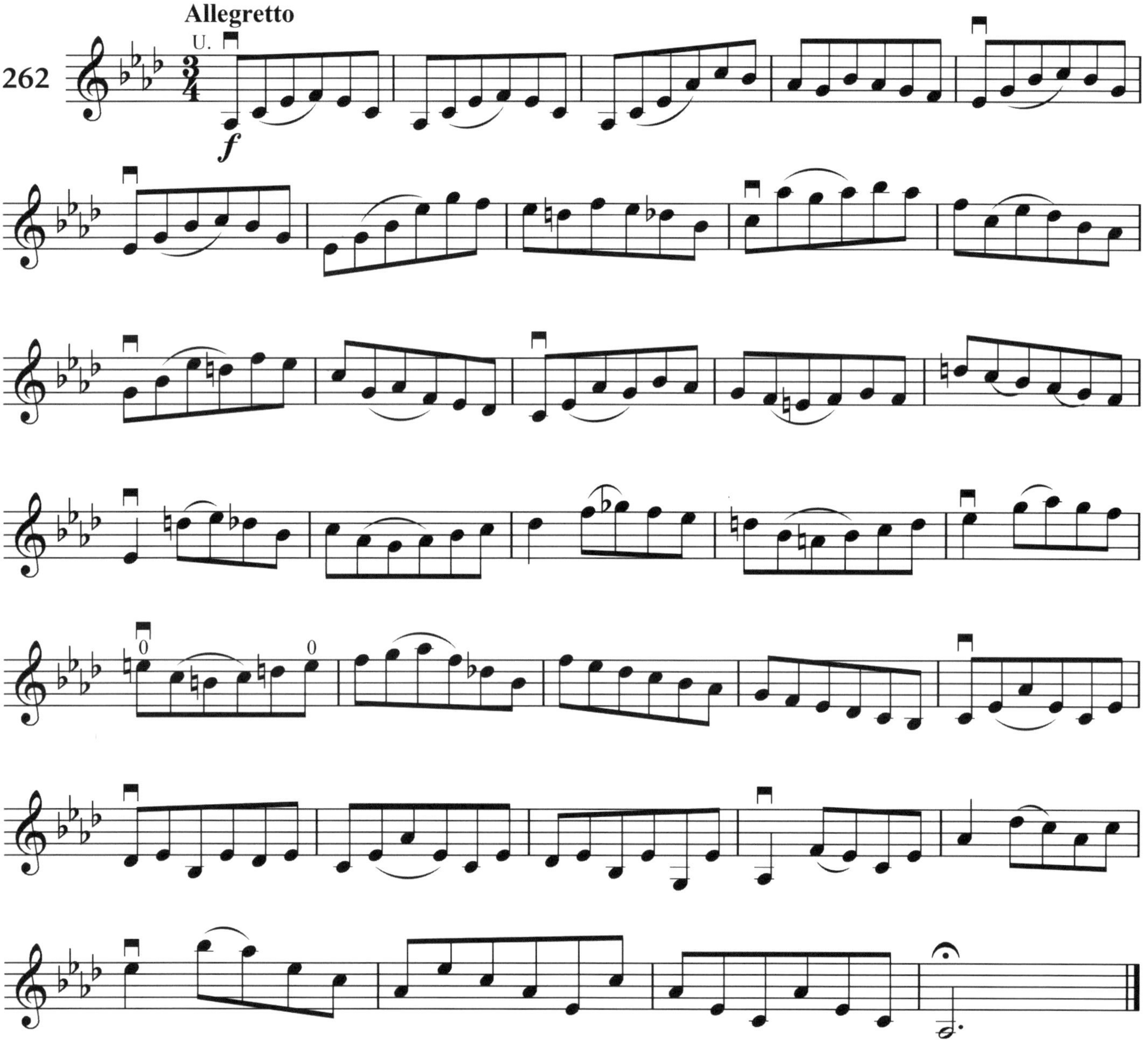

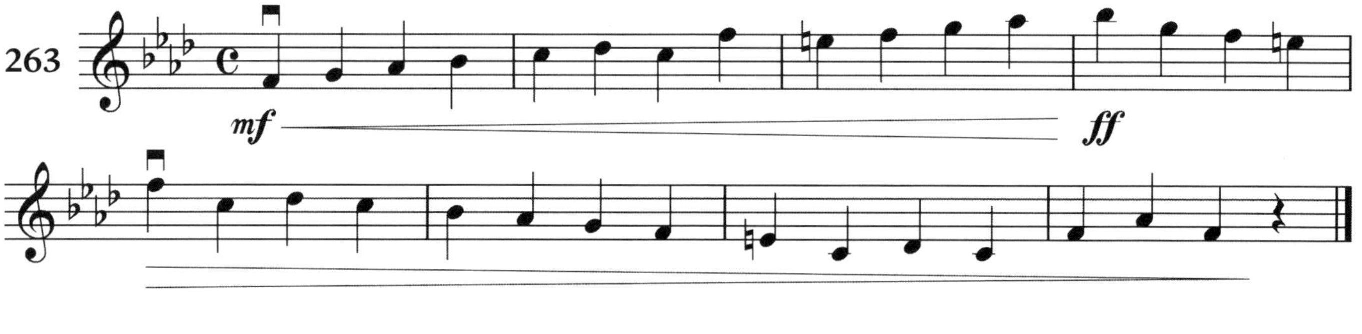

TIP 표시한 부분(※)과 같은 패턴에서는 음과 음 사이를 가볍게 끊어 연주합니다.

Moderato
264
Andante
265
TIP 이음줄이 많은 곡이니 음들을 부드럽게 연결하고 소리를 아름답게 내는 것에 중점을 두어 연습하세요.

12. 내림라장조와 내림나단조^{D♭-Major and B♭-Minor}

TIP 266~269번과 같이 플랫(♭)이 많은 곡에서는 '플랫이 붙지 않은 음'을 기억하는 것이 더 효율적입니다.

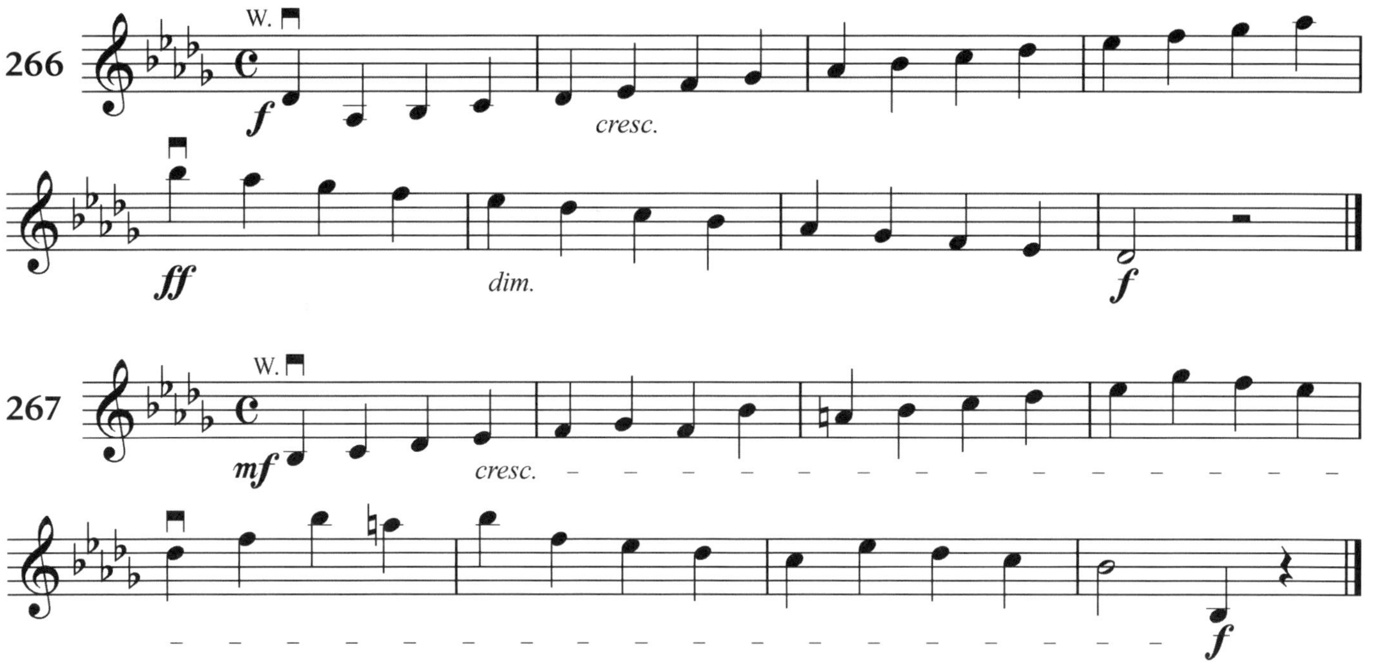

13. 내림사장조와 내림마단조^{G♭-Major and E♭-Minor}

지금까지 여러분은 『호만』 제1권, 제2권, 제3권을 통해 제1포지션의 음정과 활에 대한 다양한 테크닉을 익혔습니다.

마지막 제4권에서는 제2포지션부터 제7포지션까지, 우리가 그동안 사용하지 않았던 지판의 윗부분으로 점점 나아가게 됩니다. 사용할 수 있는 포지션이 늘어난다는 것은 실력 향상의 증거이기도 하거니와, 앞으로 연주 가능한 곡들이 그만큼 더 늘어난다는 뜻입니다. 제1포지션 마스터와 더불어 또 다른 세계로 진입한 것을 축하합니다.

각 포지션에 따른 음정과 손가락 번호

제4권에서는 다양한 포지션이 나옵니다. 포지션에 따라 각 현마다 음정과 손가락 번호가 어떻게 변화하는지 미리 살펴 봅시다.

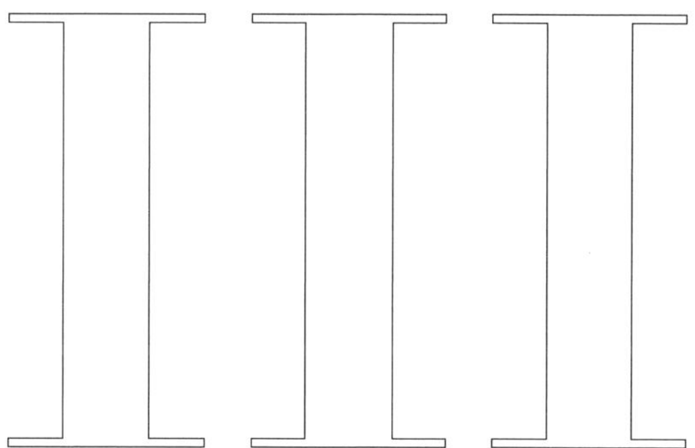

제4권 | 하이 포지션에서의 연습곡

1. 제2포지션Second Position

TIP | 270-272 표시한 음(※)이 직전 음과 똑같은 음정의 소리를 낼 수 있도록 손가락을 동일한 위치로 이동합니다. 포지션을 이동할 때는 해당 손가락뿐만 아니라 손 전체를 가볍게 옮기세요.

270

271

272

TIP 표시한 이음줄(※)은 박자상 온활로 그어야 하므로 앞의 음들을 연주할 때 염두에 두어야 합니다.

Moderato

273

274

275

H. Sitt

276

277

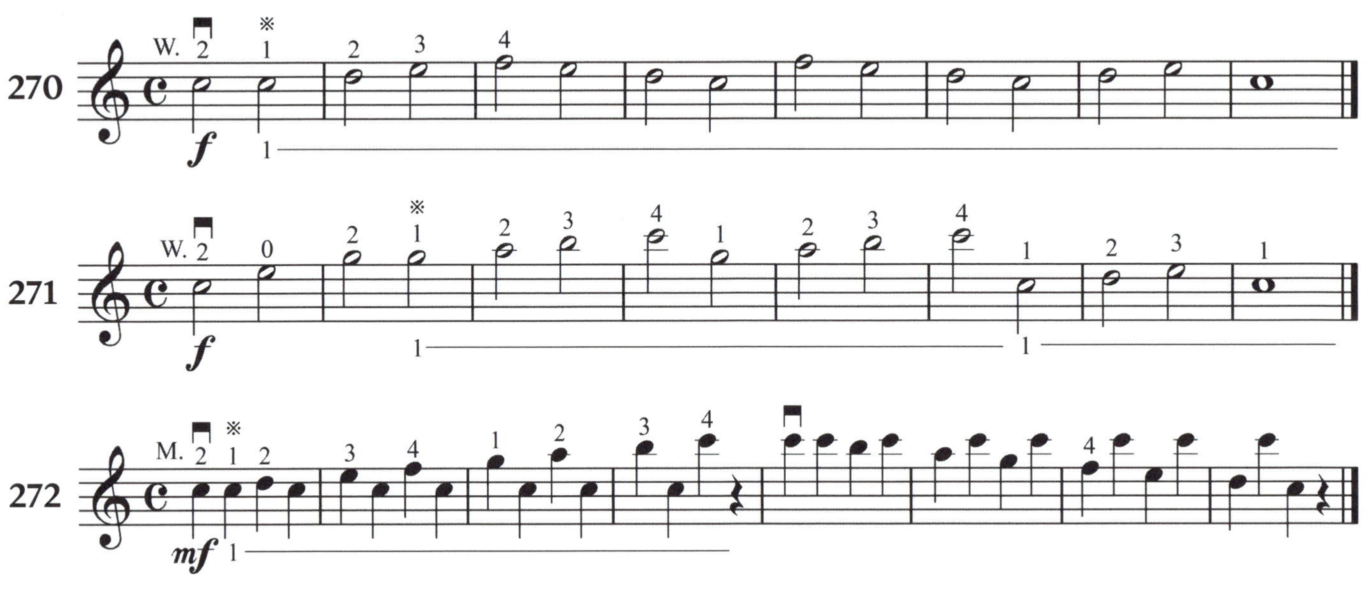

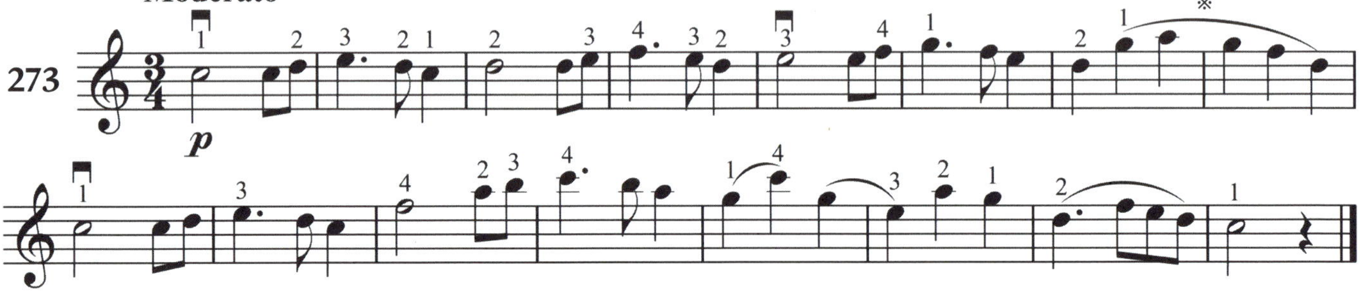

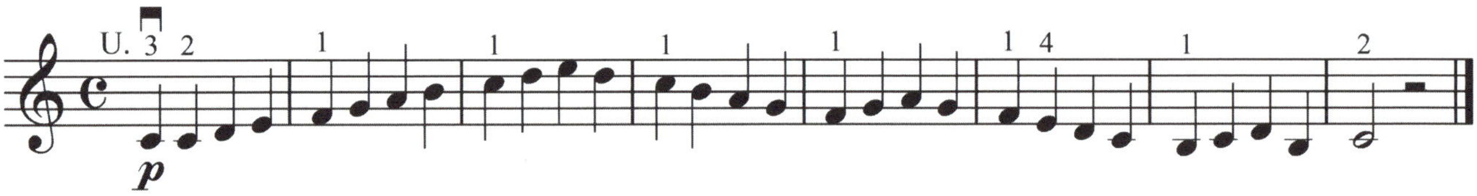

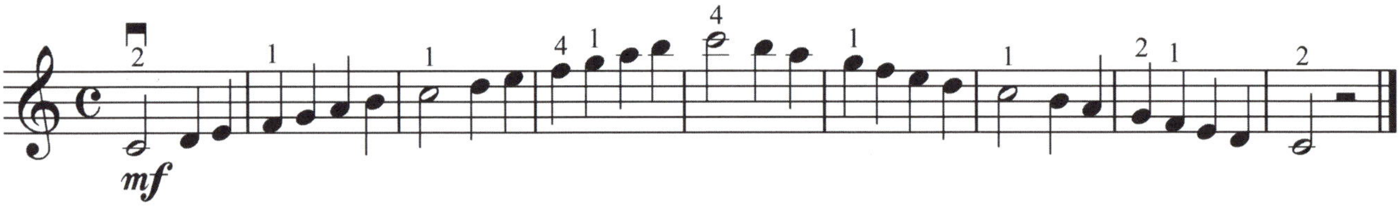

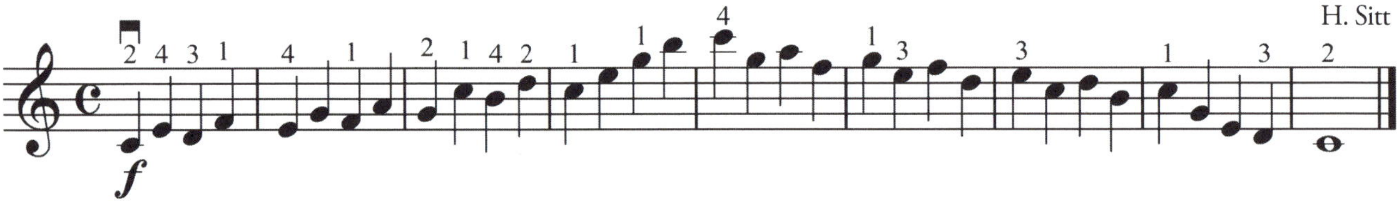

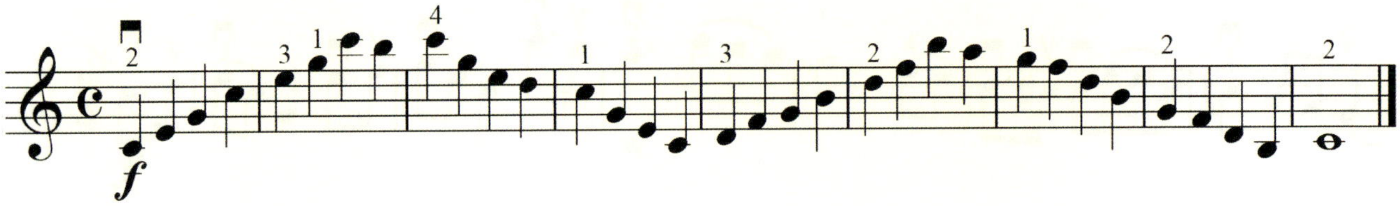

TIP 표시한 부분(※)의 개방현을 긋는 동안 미리 왼손을 제1포지션 위치로 옮겨 놓으세요.

278

TIP 제2포지션의 음정뿐만 아니라 다양한 리듬이나 이음줄, 활의 분배 등 신경 써야 할 여러 요소가 있는 곡입니다. 부분 연습을 통하여 충분히 익숙해질 수 있도록 합시다.

279

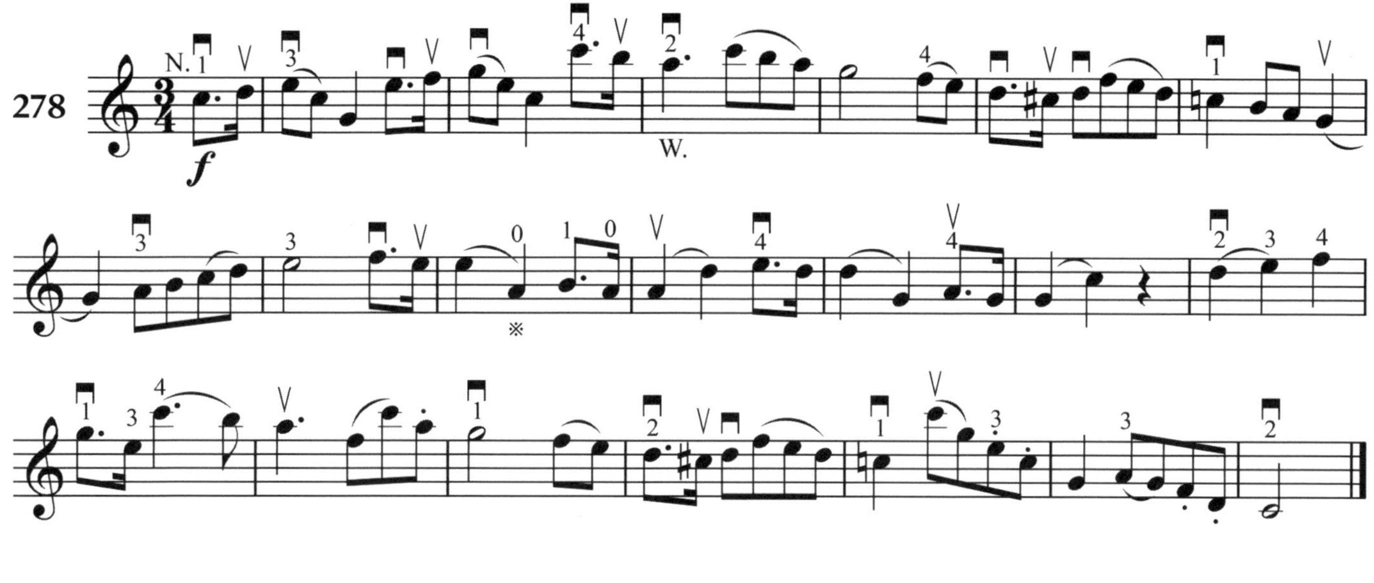

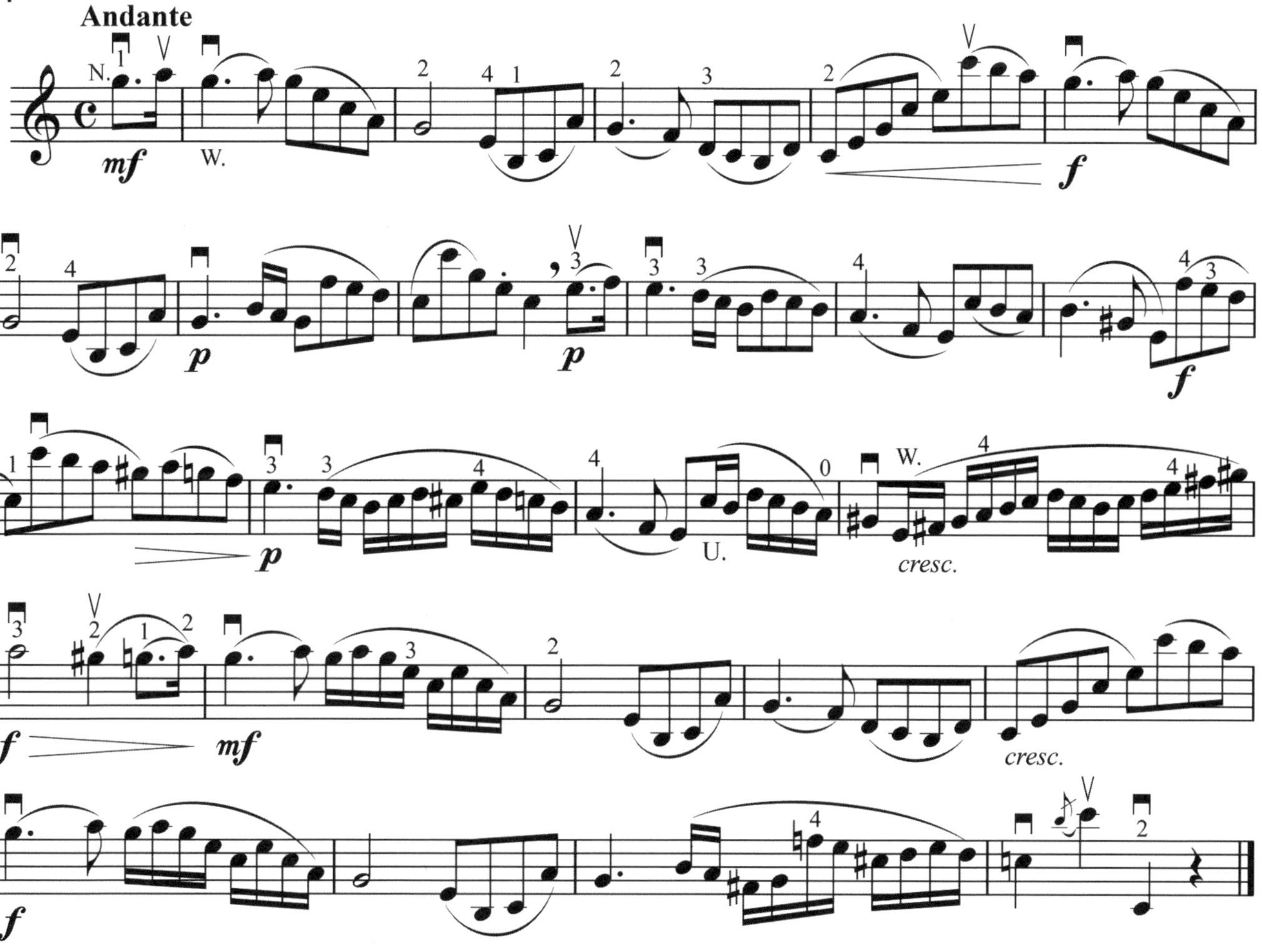

포지션을 이동할 때의 주의 사항

1. 엄지를 비롯한 손 전체를 함께 이동합니다.
2. 한 포지션을 유지하여 연주하는 동안에는 엄지의 위치가 움직이지 않도록 유의합니다.
3. 제2포지션은 제1포지션이나 제3포지션에 비해 사용 빈도는 낮으나 앞으로 종종 사용해야 하므로 헷갈리더라도 정확한 손가락 번호를 외울 수 있도록 반복 연습을 하는 것이 중요합니다.

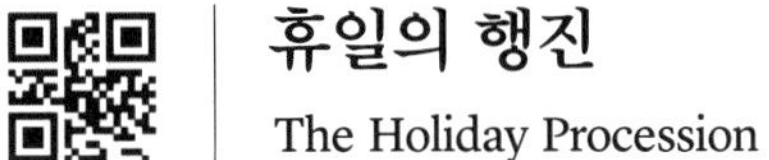

휴일의 행진
The Holiday Procession

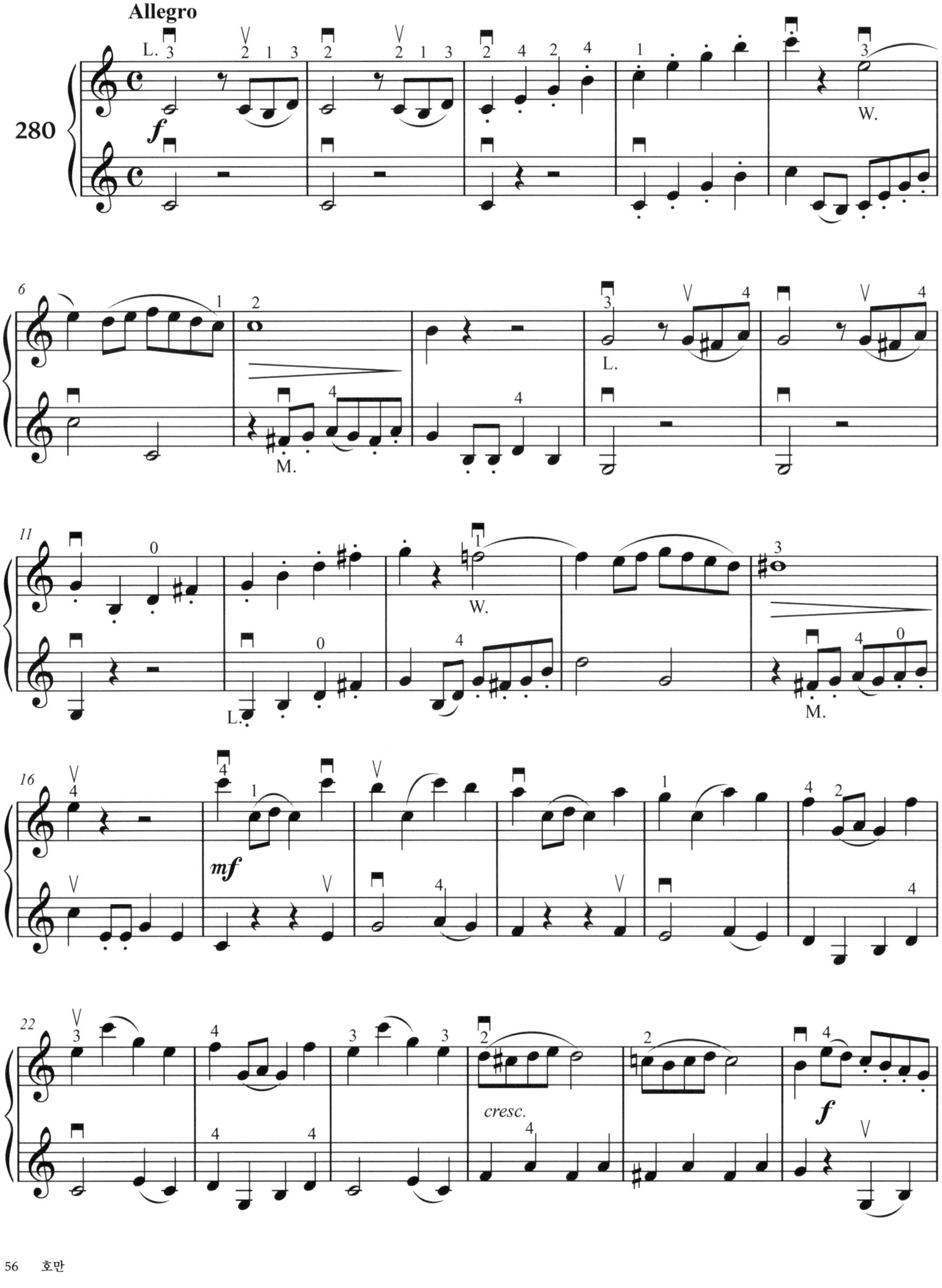

58 호만

잔디밭에서 춤을
Dancing on the Green
TIP 이음줄이 연속적으로 나오는 곡을 연주할 때는 이어지는 다음 음정과
손가락 번호를 눈으로 미리 봐두어 연결이 잘 되도록 신경쓰세요.
Allegretto
dolce
282
cresc.
mf
p dolce
cresc.
f
p
p
283
f
Moderato
284
W. 3
mf
f N.
W.
p
p
mf
p
f
p
pp

TIP 같은 현에서 음정이 차례대로 올라갈 때는 이전 손가락을 떼지 않고 있는 것이 좋습니다.

TIP 기본적으로는 박자에 비례하여 활을 쓰되 다음 활에 대한 준비가 필요한 경우에는 짧은 음표라도 활을 풍부하게 씁니다.

Allegro
289
p

290
f

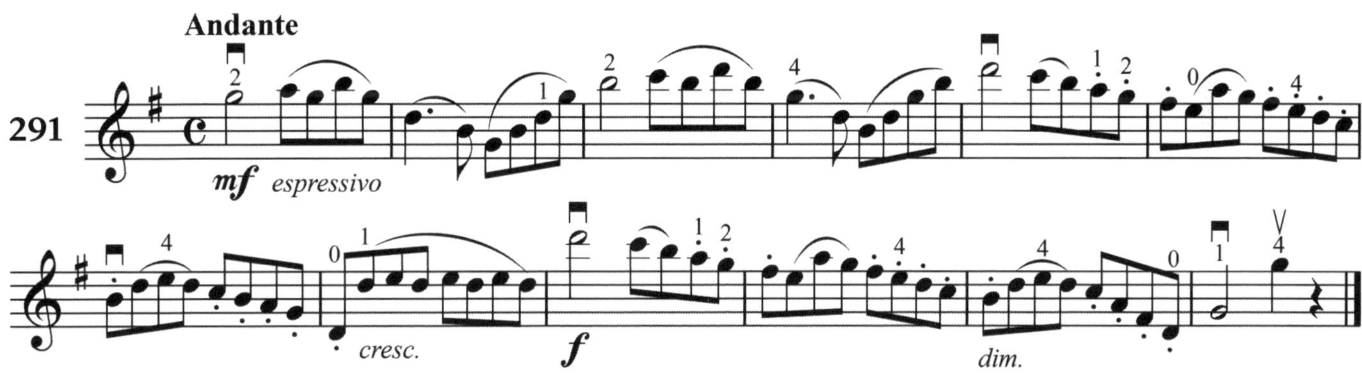

Andante
291
mf espressivo
cresc.
f
dim.

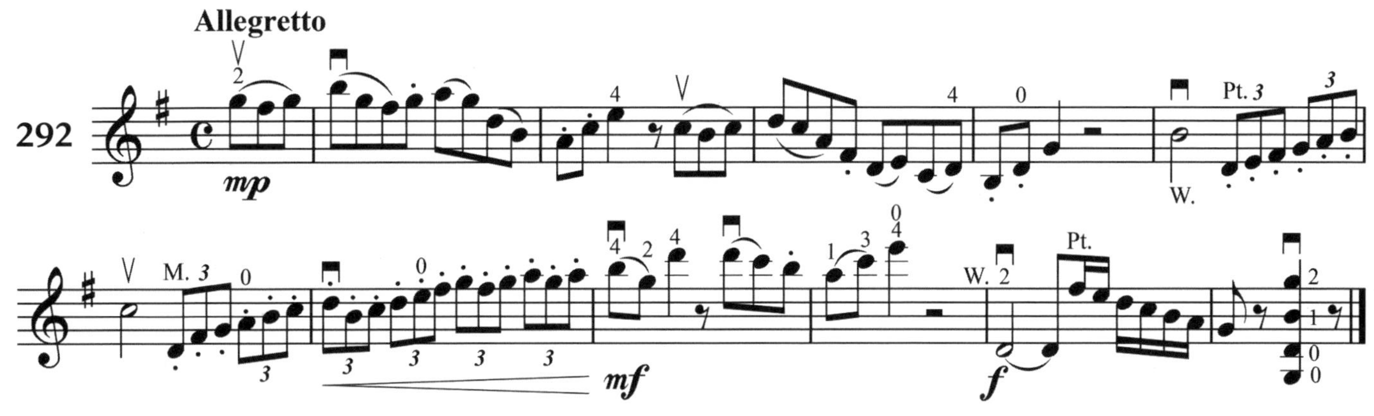

Allegretto
292
mp
M. 3
W. 2
Pt.
f
mf
W.
Pt. 3

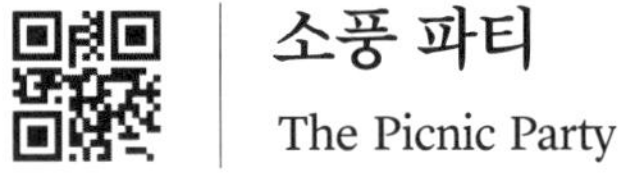

소풍 파티
The Picnic Party

TIP 여덟째 마디의 표시한 음(※)은 엄밀히 따지면 제2포지션에 속하지만 양쪽의 제3포지션 음 사이에 끼어 있으므로 왼손 전체를 이동하지 않고 1번 손가락을 살짝 뒤로 빼서 짚어 줍니다.

espressivo
espressivo
cresc.

mf
cresc.
f
U.
p
dolce
pp
rit.
p
a tempo
p

호수 위에서

On the Lake

TIP 이중음에서 현과 활털을 힘주어 밀착시키다 보면 단선율에 비해 소리가 너무 커져 어색할 수 있으므로 완벽한 각도로 가볍게 긋는 연습이 필요합니다.

Andante
H. Wassermann
294
p
pp dim.

Allegretto
295
M.
U.
W.
Pt.

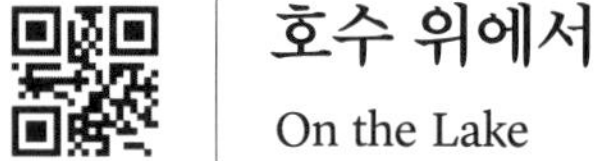

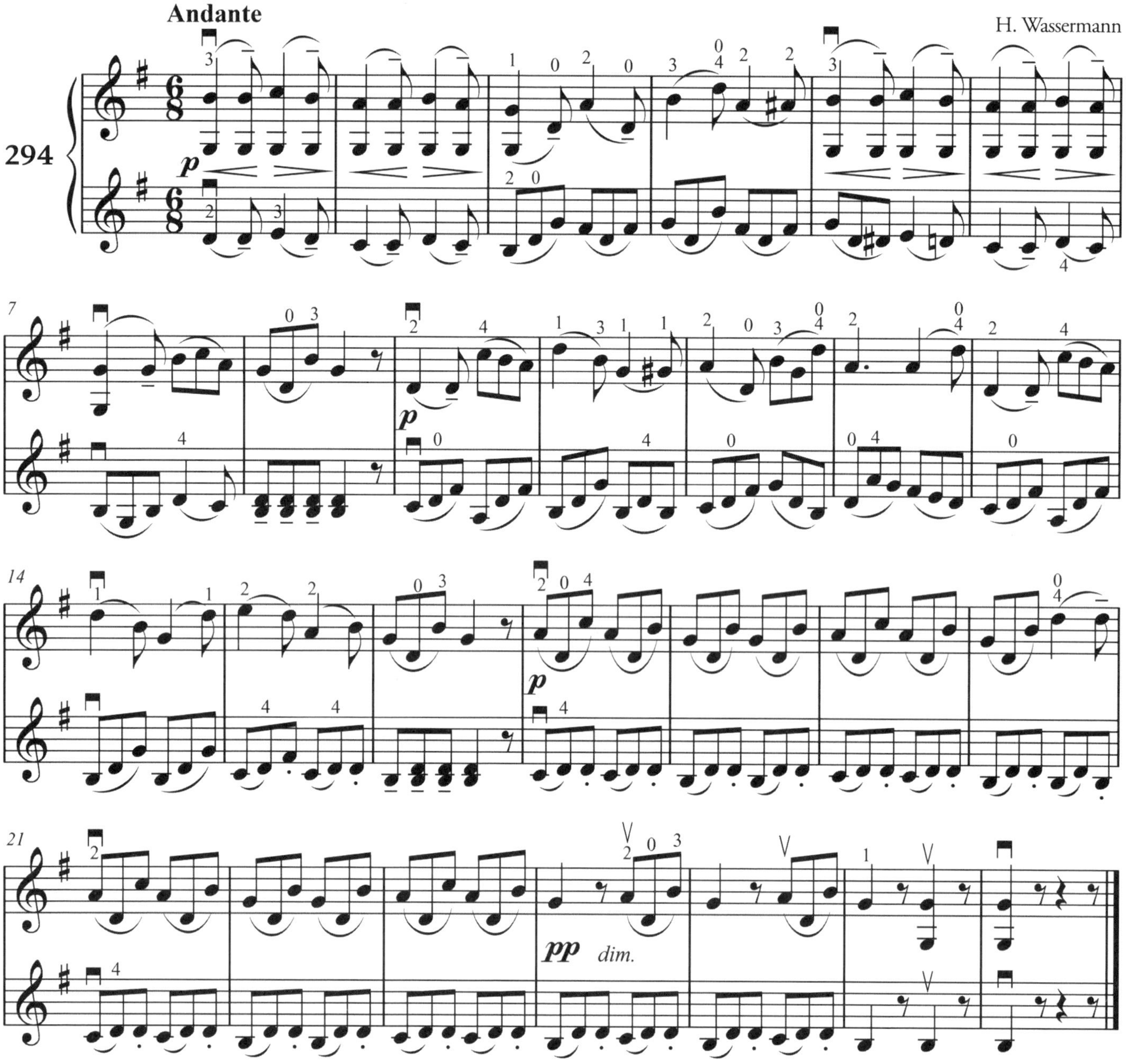

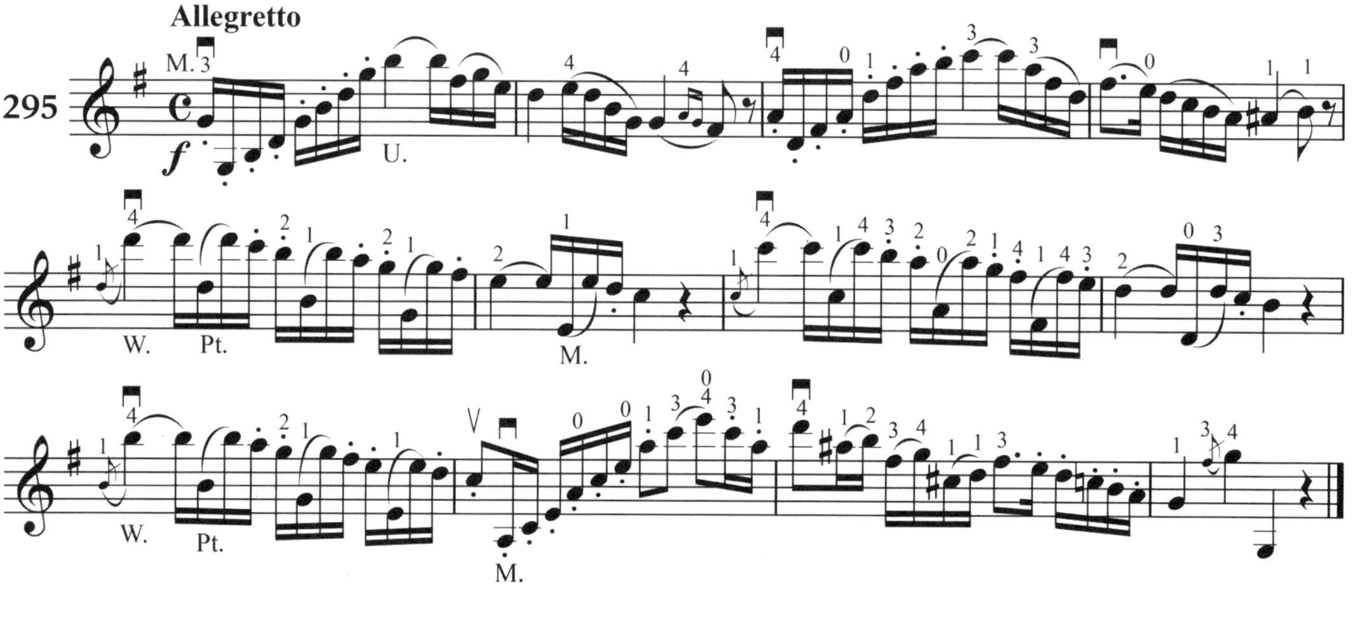

296
Andante
297
N. W.
N. W.
Allegretto
298
U.1
M.
TIP 이음줄에서 활을 풍부하게 사용하여 전체적으로 큰 볼륨을 유지하세요.
Moderato
B. Cutter
299
rit.

로망스
Romance

Moderato

300

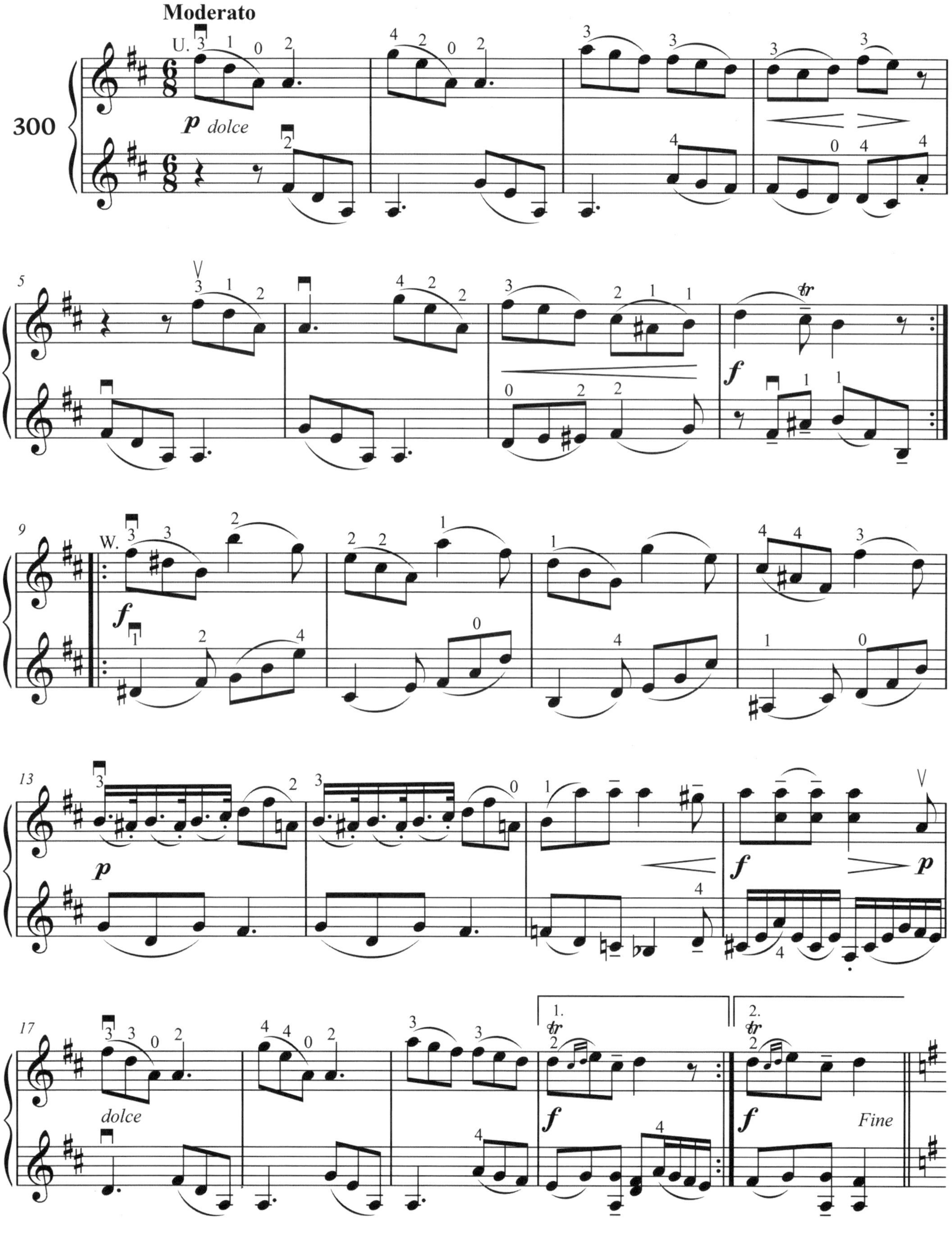

p
cresc.
f
p
mf
1.
2.
D.C
D.C. al Fine
Allegro moderato
Pt.1
W.
f
M.
cresc.
L.
ff
301

TIP 제1바이올린과 제2바이올린이 주고받는 멜로디와 화음을 즐기며 연주해 보세요.

A. Corelli

Allegro moderato

302

25
30
35
41
45
49
tr
p
cresc.
tr
f

Allegro J. Götze

303 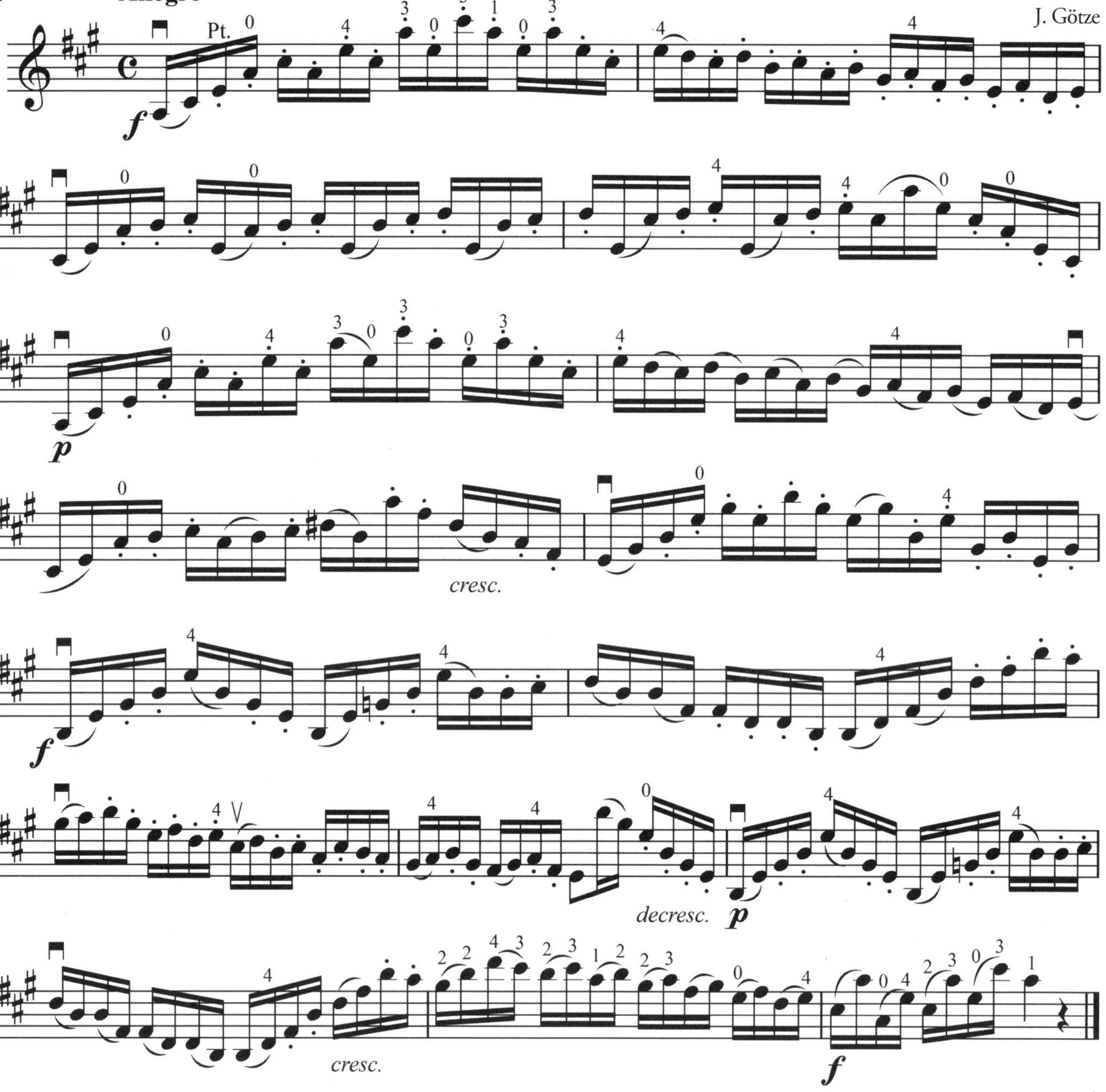

할아버지의 춤
Grandpa's Dance

TIP 다양한 리듬과 표현을 집중적으로 연습할 필요가 있습니다. 메트로놈을 켜고 충분히 연습해 보세요.

Allegro B. Campagnoli

304

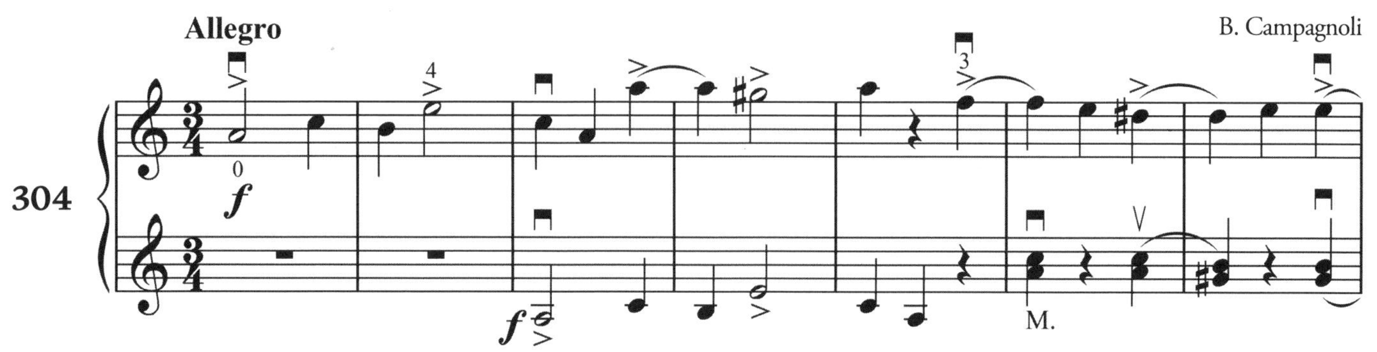

TIP 셈여림 표기에 따라 활 쓰는 양을 적극적으로 조절하여 풍부한 음량을 표현해 보세요.
Allegro
305
mf
M.
W.
p M.
f

슬픈 이야기
The Pathetic Story

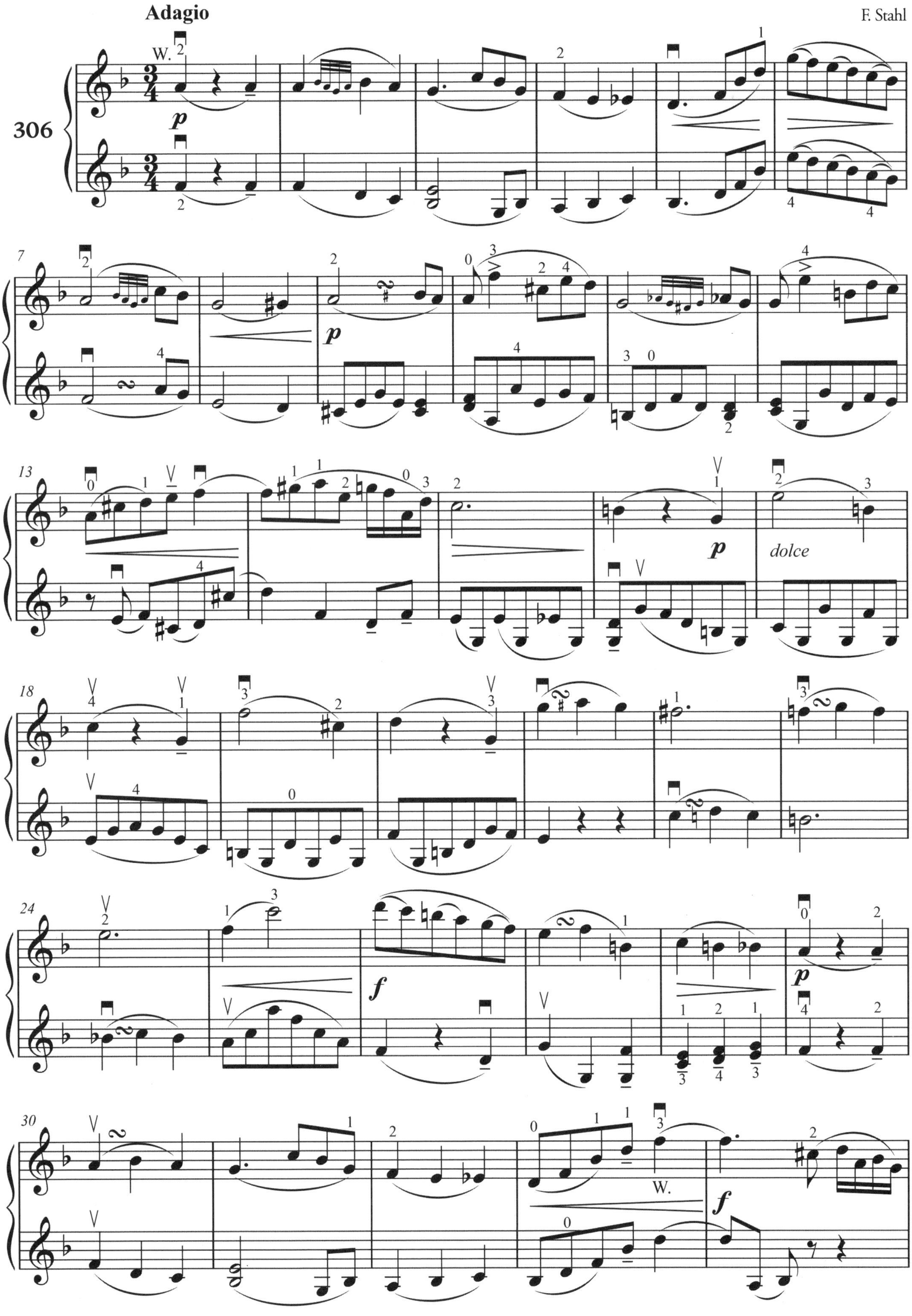

35
mf
f
40
p

TIP 박자에 비례하여 활을 적당히 분배하고 악센트를 잘 살려 연주하세요.

Moderato
307
W.
mf

TIP 활이 한쪽으로 몰리지 않게 하려면 이음줄에서도 활을 아껴 쓰는 것이 좋습니다.

Allegretto
308
U.
f

3. 제4포지션Fourth Position

TIP 표시한 부분(※)과 같은 긴 슬러 스타카토에서는 도중에 활의 방향을 잠시 바꾸는 것으로 활을 조금 더 여유 있게 쓸 수 있습니다.

Moderato

313

TIP 스타카토 부분의 음이 끊어지는 타이밍을 이용하여 포지션을 깨끗하게 옮기세요.

Moderato

314

Moderato

315

Allegretto

316

TIP 악센트가 붙은 음들을 강조하며 전체적으로 활을 많이 사용하세요.

Maestoso e marcato

B. Cutter

317

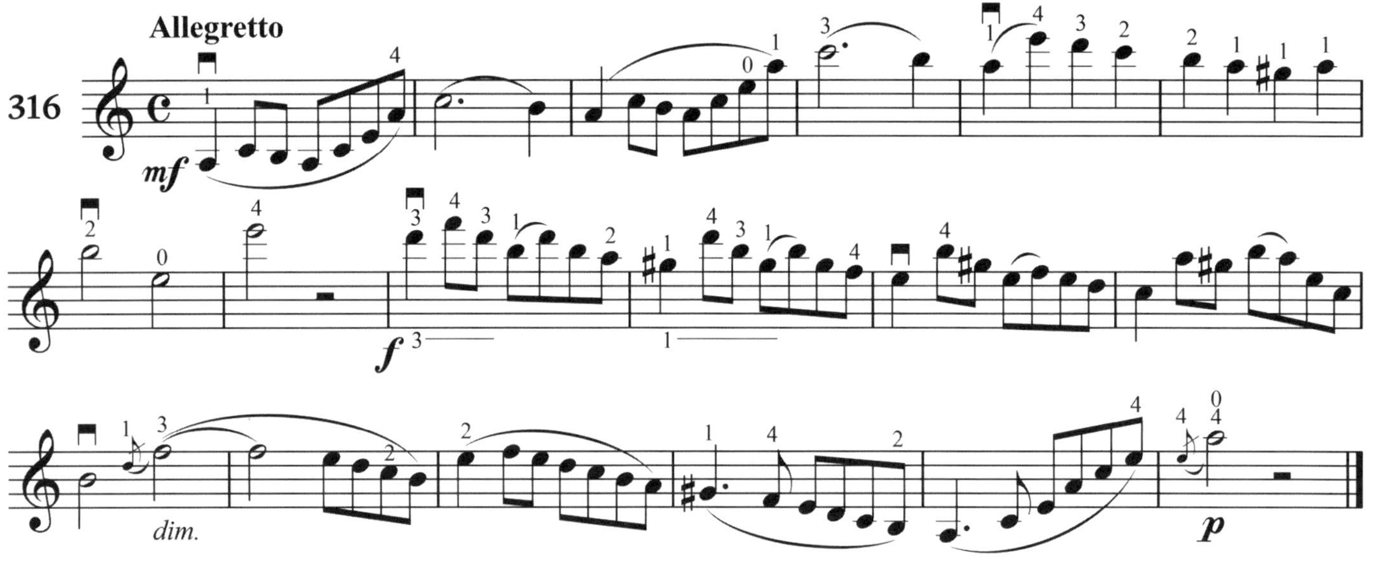

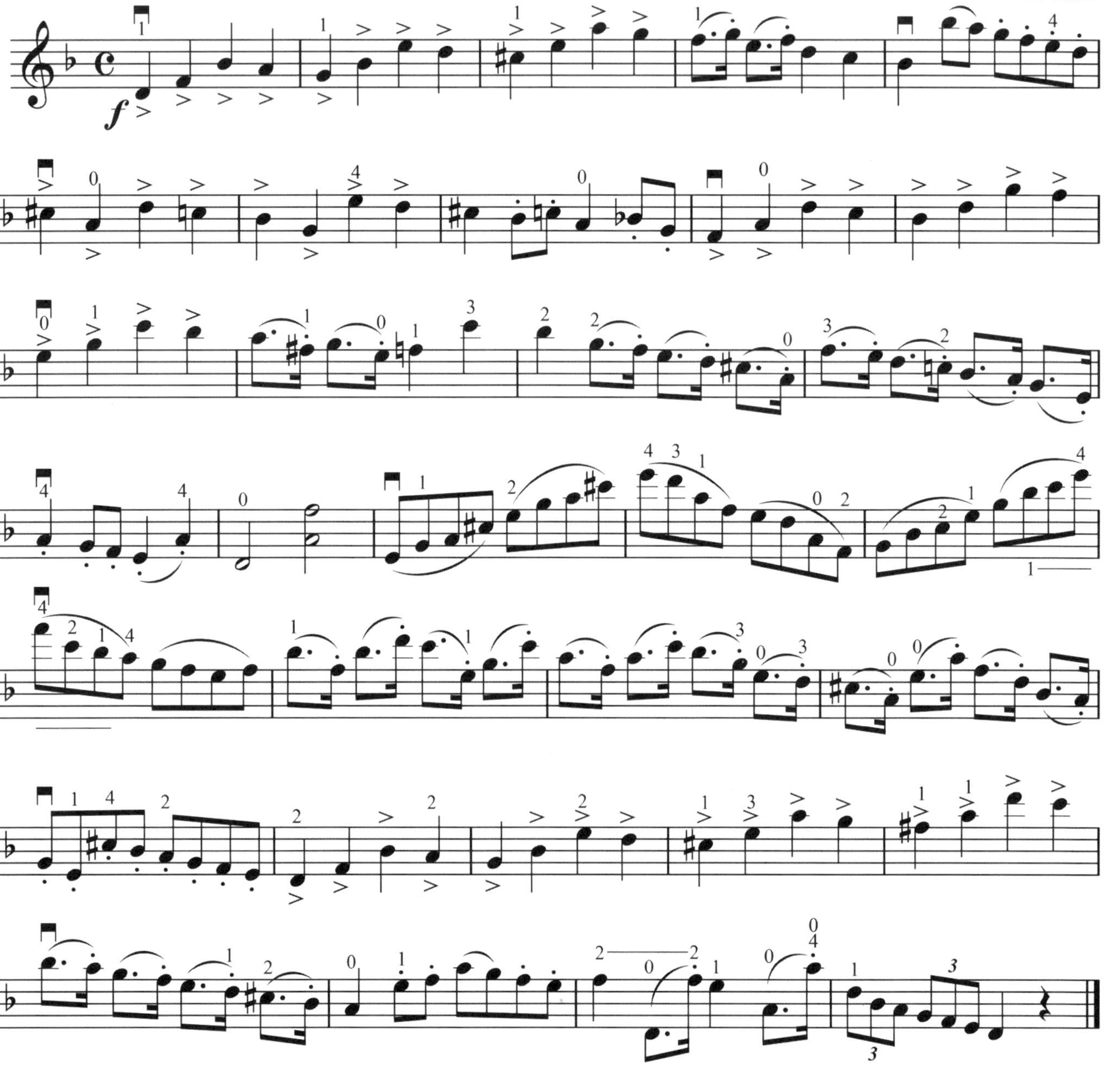

TIP 전반부에서는 부드러운 분위기를 잘 유지하는 것에 집중하고, 후반부에서는
하모닉스의 위치를 단번에 정확히 찾는 연습을 충분히 해 보세요.

Andante

C. de Beriot

318

319

TIP 음과 음 사이를 명확하게 끊어 스타카토를 잘 표현하고, 마지막 마디와 같이 옥타브 간격의 같은 음정을
연주할 때는 완벽한 음을 짚을 수 있도록 주의합니다. 표시한 부분(※)부터는 계속 제4포지션에서 연주하세요.

Allegro

320

321
322 Allegro
Allegro
323

TIP 제1포지션부터 제4포지션까지 포지션이 다양하게 섞인 곡입니다. 지금
까지 익힌 포지션을 정리하는 기분으로 능숙해질 때까지 반복 연습을 하세요.

4. 제5포지션 Fifth Position

TIP 하이 포지션이 포함된 곡에서 제5포지션은 제1, 제3포지션 다음으로 자주 쓰입니다.
음계 연습을 충분히 반복하여 그 위치에 익숙해질 수 있도록 합시다.

324

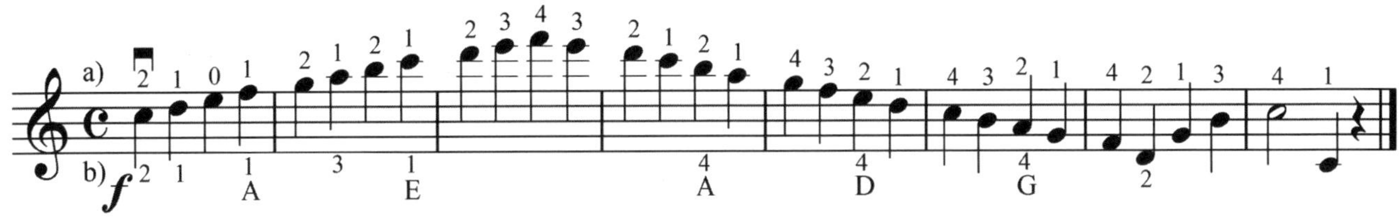

325

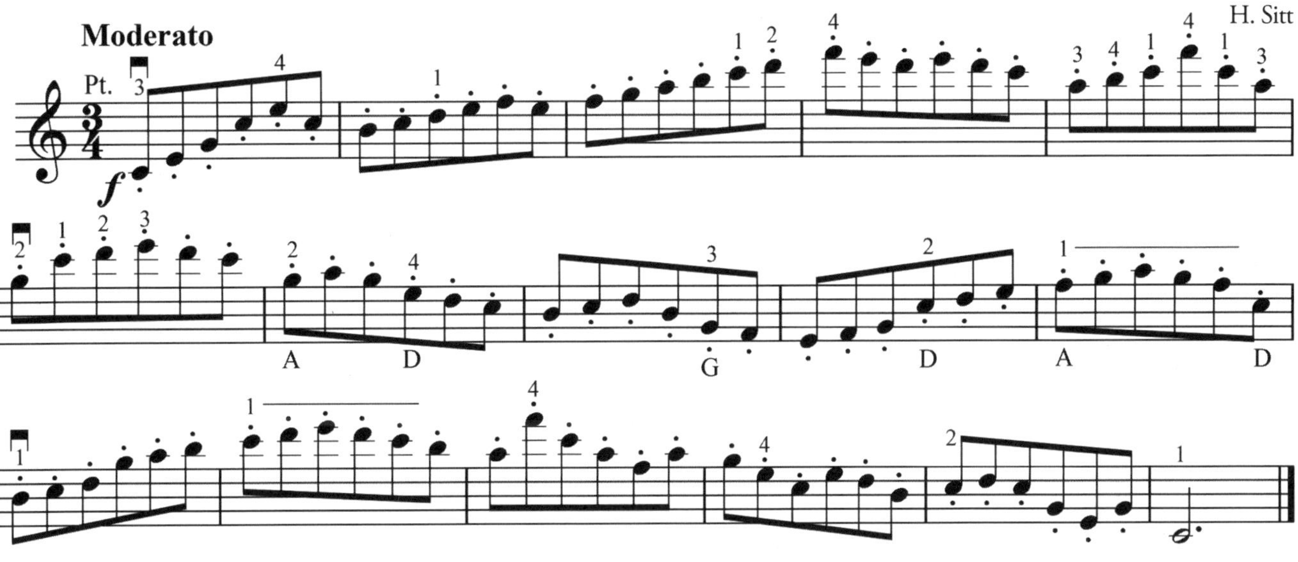

326

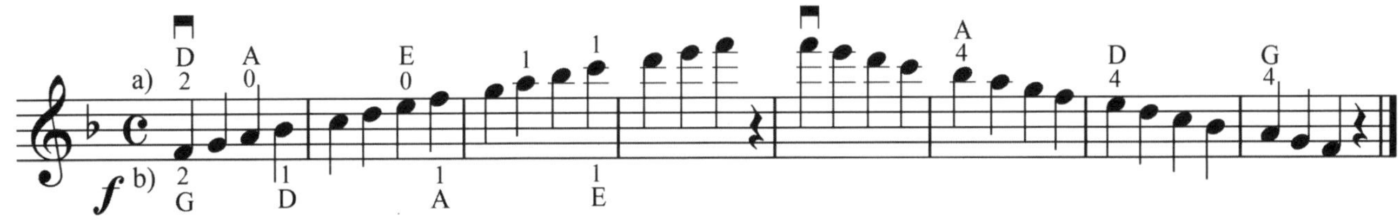

TIP 처음부터 끝까지 제5포지션을 사용하는 곡입니다. 아직 헷갈린다면 손가락 번호와
음정을 마음속으로 계속 연결하며 제5포지션의 자리를 확실하게 외울 수 있도록 합시다.

327

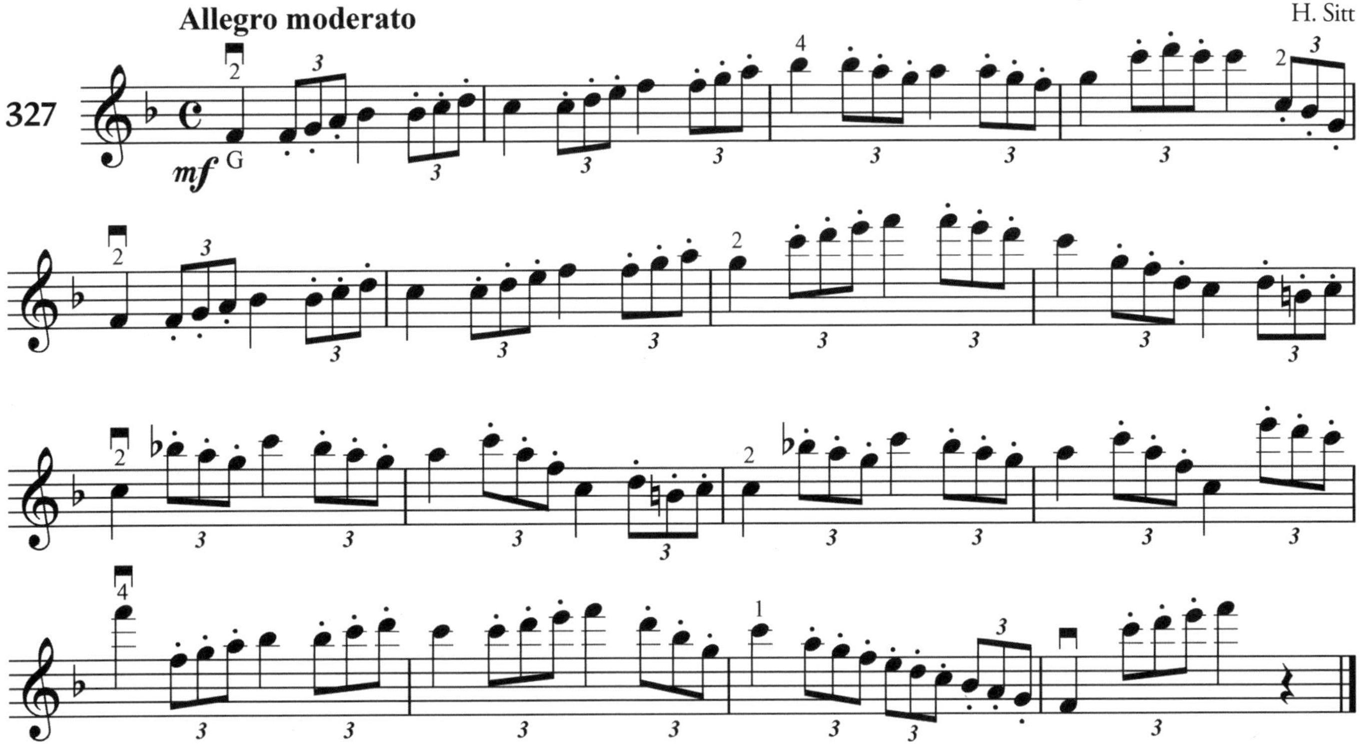

TIP 이음줄에서 활을 고르게 분배하여 멜로디의 아름다운 흐름이 잘 드러날 수 있도록 연주하세요.

음정의 위치를 기억하는 방법

음정 간의 간격은 손가락 번호나 포지션의 위치에 따라 미묘하게 달라집니다. 그러나 바이올린 지판에는 특별한 표시가 없기 때문에 정확한 음정을 외우기가 쉽지 않습니다. 음정의 위치를 기억하기 위해서는 여러 감각을 동원하여야 합니다.

시각

생각보다 눈으로 기억하는 것이 많은 도움이 됩니다. 손가락들의 간격은 물론이고 짚은 손가락 주변으로 보이는 것들 – 바이올린 바디의 선, 브릿지, 스크롤 등 – 의 간격 또한 눈여겨보아 그림을 그리듯 기억해 두어야 합니다.

청각

음정을 주의 깊게 듣고 반음 혹은 온음 간격 차이를 세심하게 느낄 수 있도록 소리에 집중하세요.

촉각

손가락을 벌렸을 때 어느 정도로 당기는 느낌이 드는지, 더 높은 포지션으로 이동할 때 손바닥이 바이올린의 바디에 어떤 느낌으로 닿는지를 기억하는 것도 도움이 됩니다.

육감

소리가 나기 직전에 어떤 음이 들릴 거라는 예상, 즉 직감도 간과해서는 안 될 중요한 감각입니다.

하지만 음정 자체가 부정확하다면 이 모든 노력이 무의미해지겠지요. 연습 전에는 항상 튜닝을 완벽하게 하고, 개방현에 해당하는 음정을 짚을 때는 개방현을 그어 비교해 보거나 튜너기를 이용하여 음정을 확인해 봅시다.

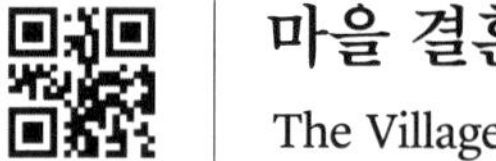

마을 결혼식
The Village Wedding

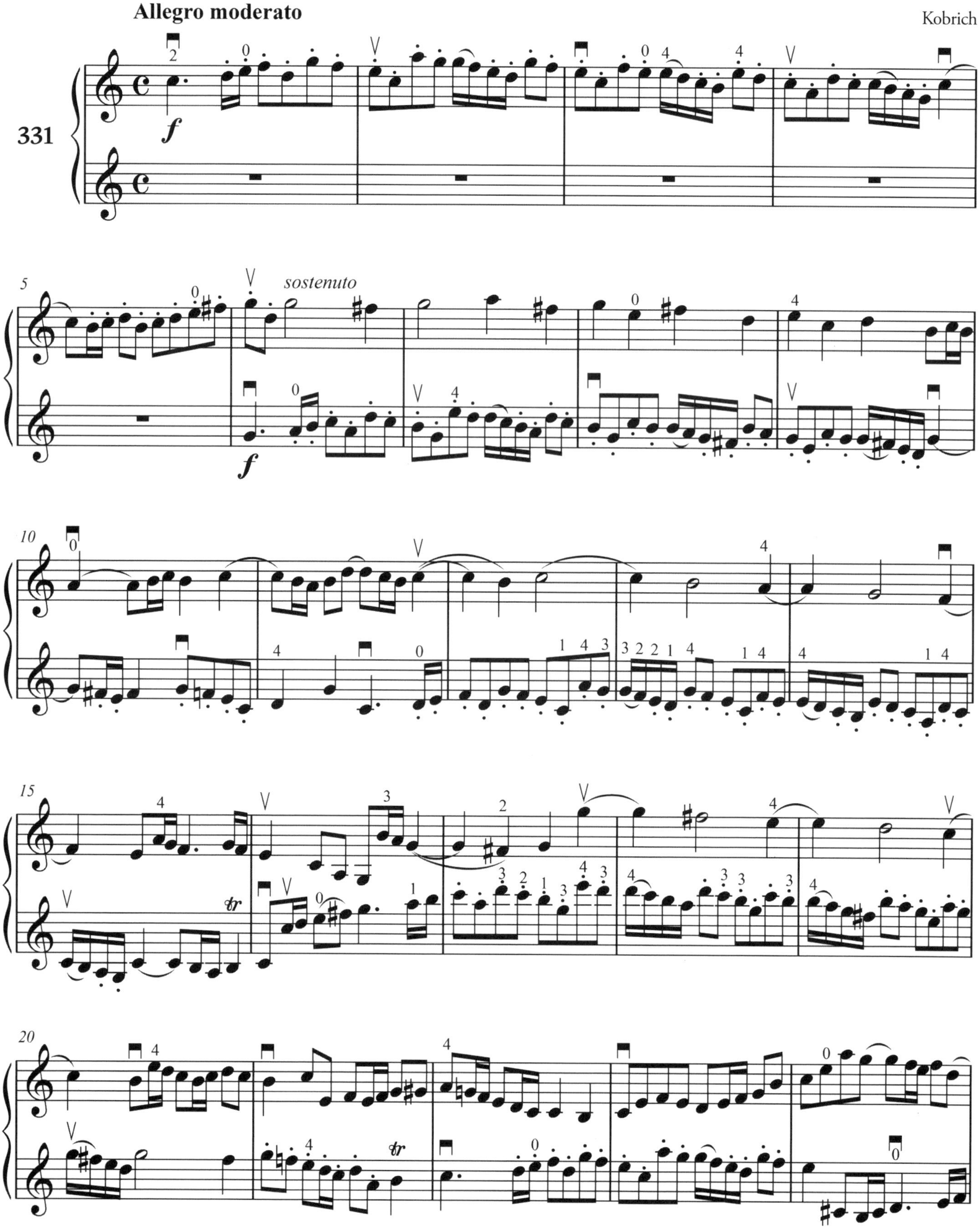

Allegro moderato
332
제4권 | 하이 포지션에서의 연습곡
85

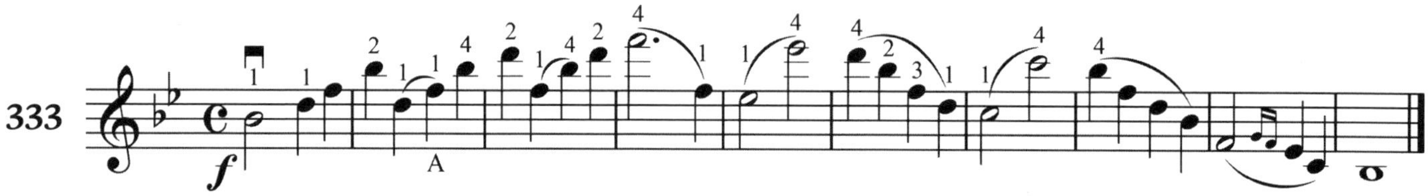

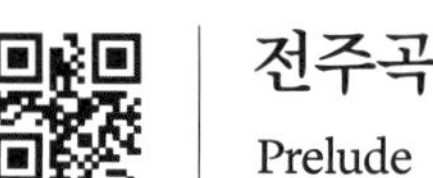

333

334

335

전주곡
Prelude

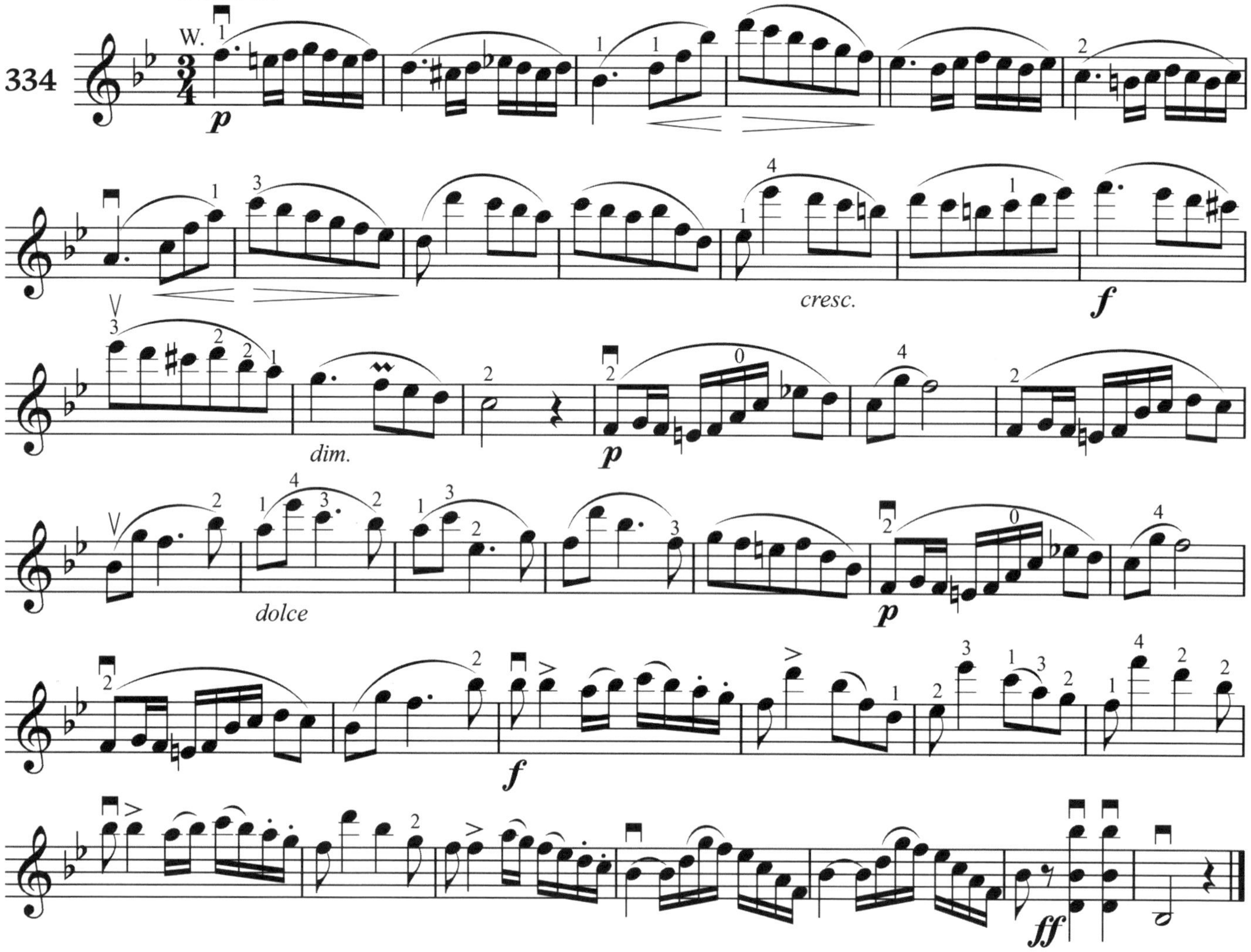

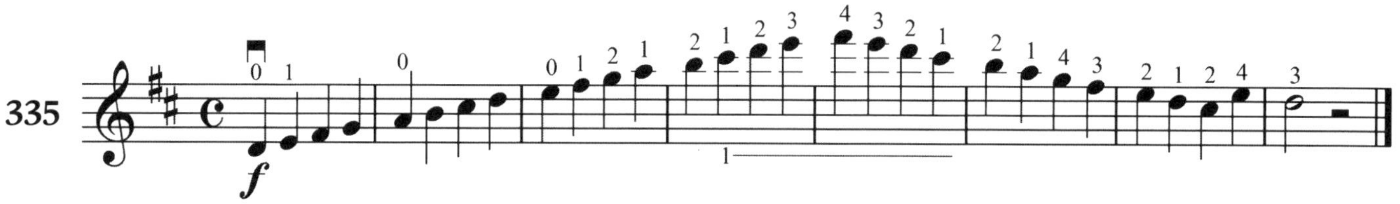

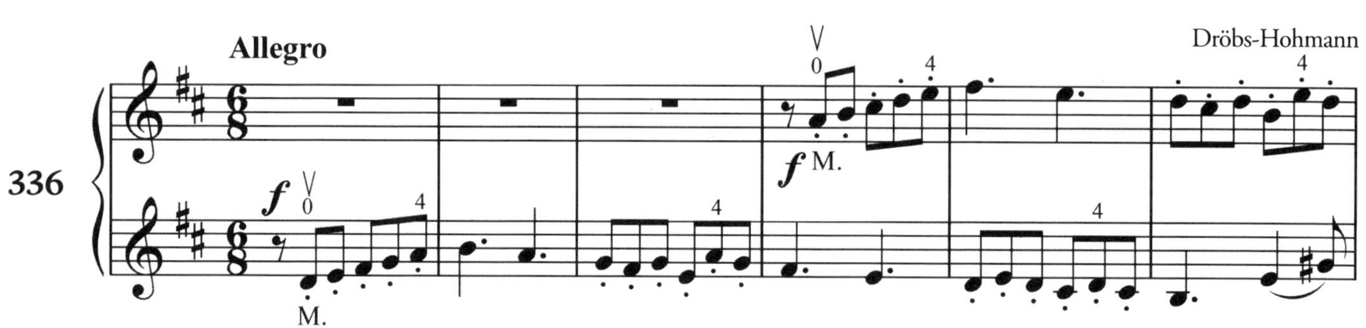

336

5. 제6포지션 Sixth Position

TIP 또렷하고 큰 음량의 스타카토를 잘 표현하면서 각 음 사이의 공백을 활용하여 깨끗하게 포지션을 옮깁니다.

A. Rolla

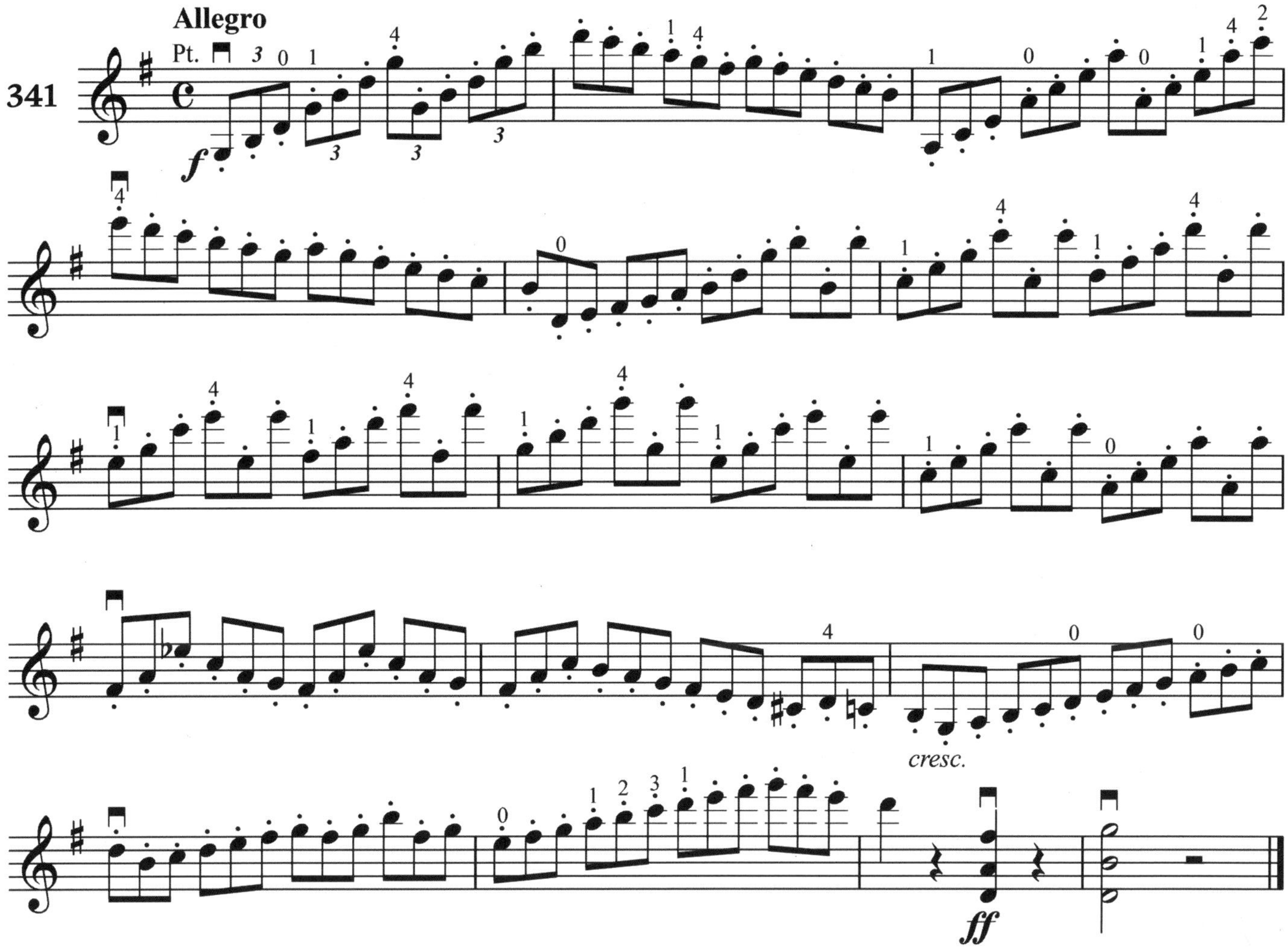

TIP 표시한 부분(※)과 같이 하이 포지션의 손가락 번호와 제1포지션 혹은 제2포지션의 번호가 겹칠 수 있습니다. 그럴 때는 악보에 현의 이름이 표기되어 있는지 확인해 보세요.

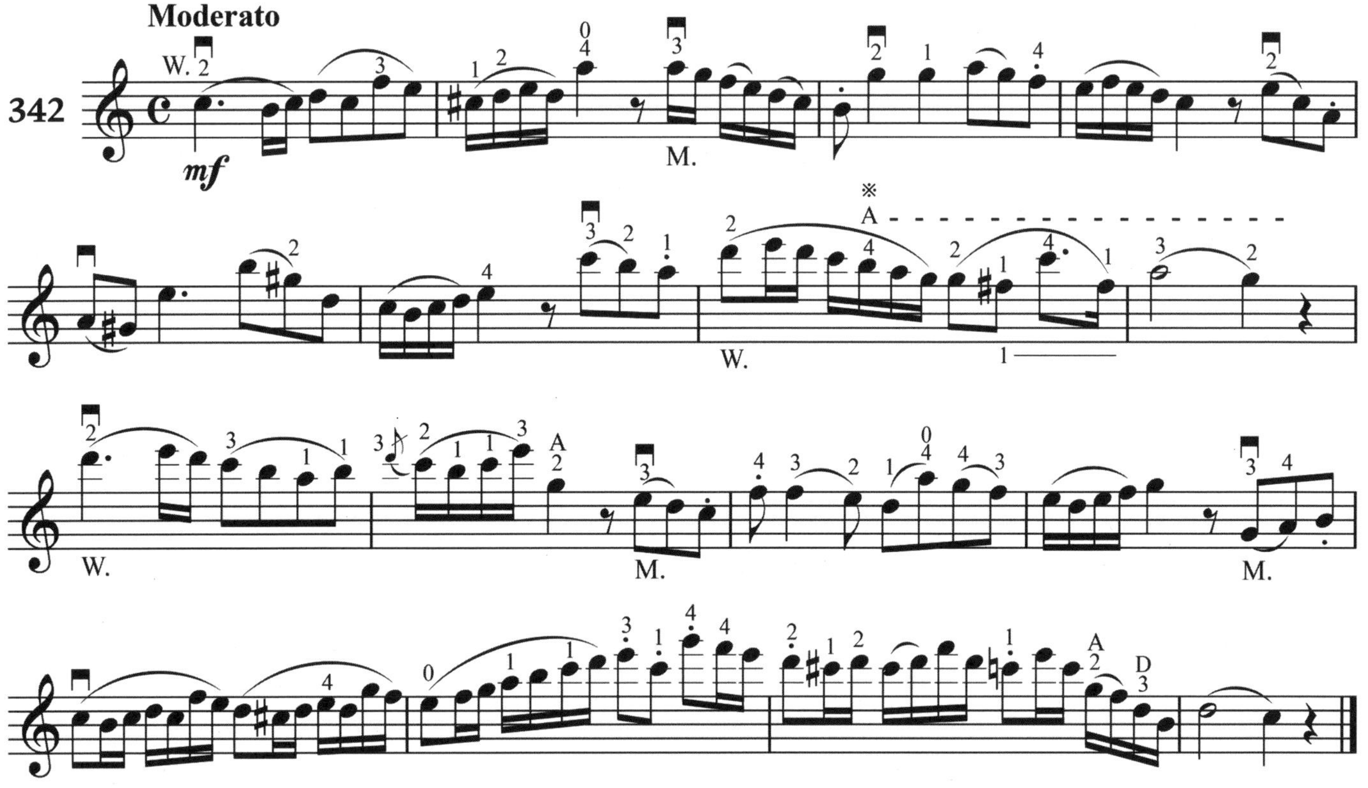

대장
The Standard Bearer

TIP 악보를 보며 연주를 들으면서 리듬과 분위기, 제2바이올린과의 화음 등을 먼저 익힌 후에 연습을 시작하면 많은 도움이 될 것입니다.

Allegro agitato cantabile

C. Dancla

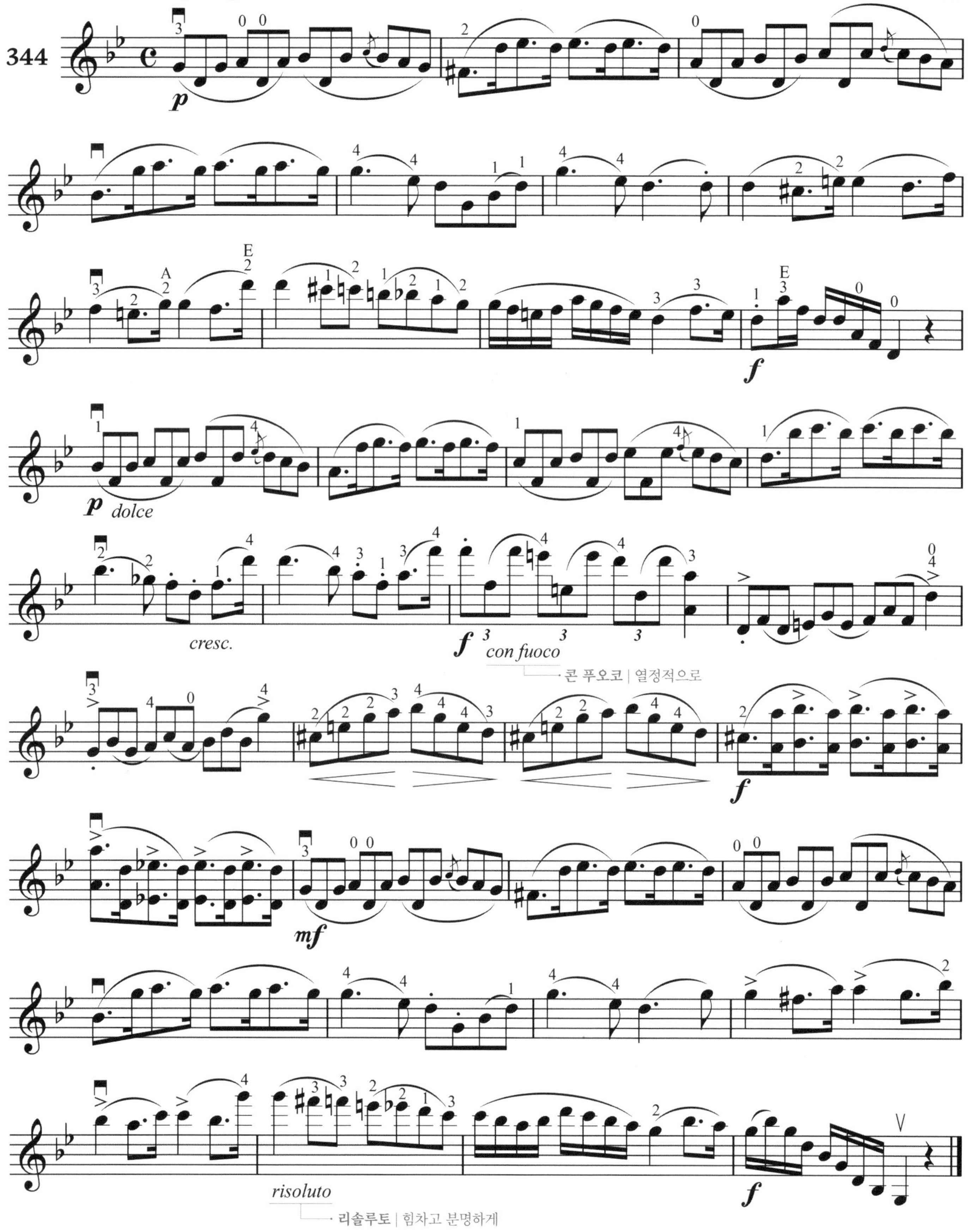

344

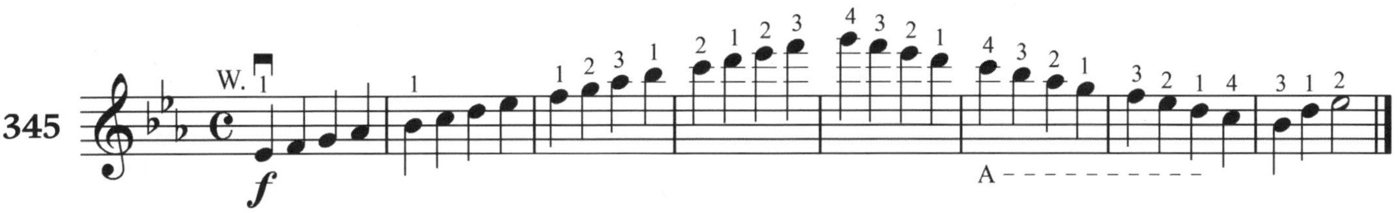

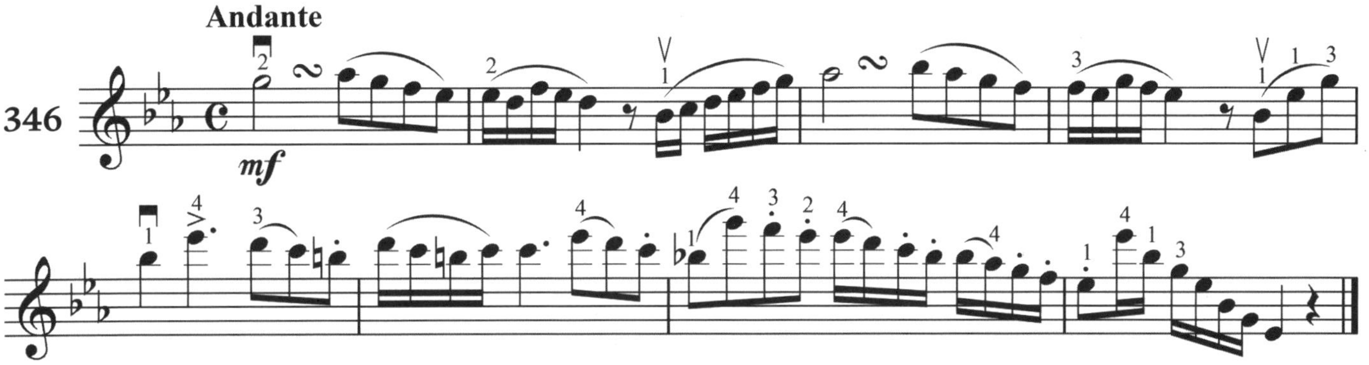

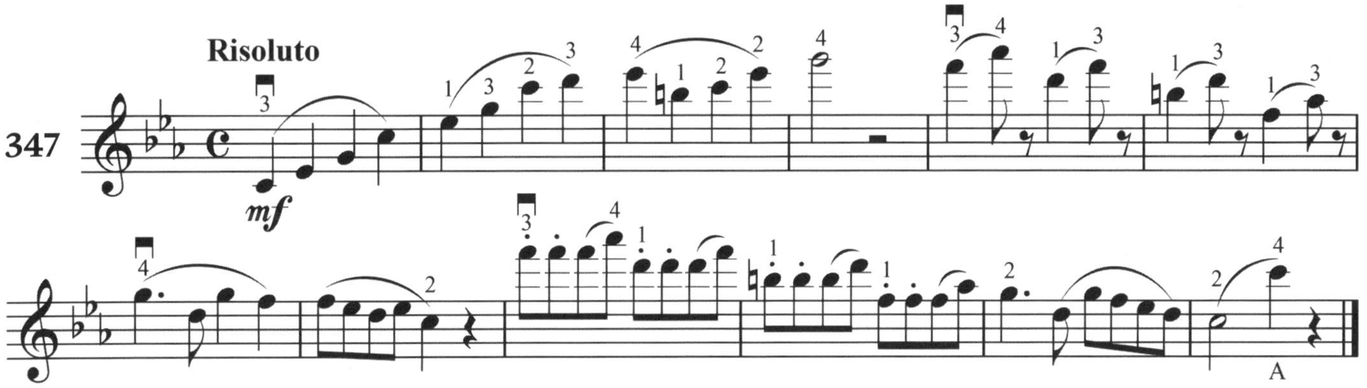

345

Andante

346

347 **Risoluto**

6. 제7포지션 Seventh Position

348

TIP 표시한 부분(※)과 같이 음이 도약하는 곳에서는 음이 끊기지 않도록 왼손이 지판에서 떨어지지 않게 하되, 끄는 듯한 소리가 많이 나지 않도록 합니다.

Allegretto
350
Moderato
352
351
TIP 전체적으로 온활을 사용하여 풍부한 소리가 나도록 활 쓰는 양을 체크하며 연주하세요.

353

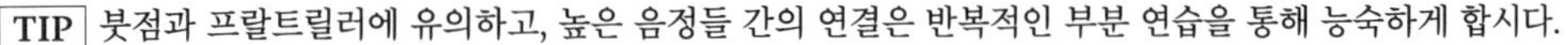

354

TIP 마지막 곡인 355번에서는 제9포지션까지 도전하게 됩니다. 제8포지션과 제9포지션에 해당하는 음이 나오더라도 제7포지션까지 익힌 방법을 활용하여 연습하면 됩니다.

355

펴낸이 김동연

violinstudio.com

레코딩 정보

프로듀서   김수현
바이올린   김수현
레코딩 스튜디오   프레코
믹싱, 마스터링   이재호

『한 권으로 끝내는 취미 바이올린』, 『바이올린, 영화음악을 만나다』, 『바이올린을 위한 밤의 노래』
등 다수의 바이올린 교본과 연주곡집을 출간했으며, 삼성전자 C-Lab에서 만든 바이올린 교육 솔
루션 잼잇Jamit의 컨텐츠를 개발했다. 본 『호만』의 악보 사보와 오류 수정, 텍스트 집필을 맡았다.

연주자 김수현

suntheviolinist.com

연세대학교 음악대학 기악과, 한국예술종합학교 전문 연주가 과정, 영국왕립음악원 석사를 졸업
했다. 얀 파스칼 토르틸리에, 크리스티안 틸레만 등의 지휘자들과 오케스트라 연주를 했으며, 영국
고 캐롤라인 왕비 탄신 기념회 무대에도 독주자로 섰다. 그뿐만 아니라 오르가니스트 이토 유카,
하피스트 클라라 마리아 워스코비악과도 협연하는 등 세계 곳곳에서 다채로운 연주 경험을 쌓아
왔다. 파가니니의 『스물네 개의 카프리스』 전곡과, 바흐의 『무반주 바이올린 소나타와 파르티타』
전곡을 레코딩하는 등 현재 솔로이스트로 활발하게 활동하고 있다.

호만 제3, 4권(합본)

발행일	2017년 6월 15일 초판 1쇄
지은이	크리스티안 하인리히 호만
악보 편집	신인용
텍스트 편집	임정우
디자인	스튜디오 포레스트
펴낸이	김동연
펴낸곳	프란츠(Franz)
주소	서울시 광진구 아차산로 262 B-2203
전화	02-455-8442
팩스	02-6280-8441
홈페이지	http://franz.kr
이메일	hello@franz.kr

ISBN
979-11-959499-3-9 14670
979-11-959499-1-5 (전2권)

이 도서의 국립중앙도서관 출판예정도서목록(CIP)은 서지정보유통지원시스템 홈페이지
(http://seoji.nl.go.kr)와 국가자료공동목록시스템(http://www.nl.go.kr/kolisnet)에서
이용하실 수 있습니다. (CIP제어번호: CIP2017011216)